일본인의 심리

한림신서 일본학총서 4

일본인의 심리

미나미 히로시(南博) 지음 | 남근우 옮김

小花

한림신서 일본학총서 4

일본인의 심리

초판 발행 2000년 8월 25일
2판 2쇄 2017년 5월 25일

지 은 이 미나미 히로시
옮 긴 이 남근우

펴 낸 이 한림대학교 일본학연구소
펴 낸 곳 도서출판 소화
등 록 제13-412호
주 소 서울시 영등포구 버드나루로 69
전 화 02-2677-5890(대표)
팩 스 02-2636-6393
홈페이지 www.sowha.com

ISBN 978-89-8410-271-7 94080
ISBN 978-89-8410-105-2 (세트)

잘못된 책은 언제나 바꾸어 드립니다.

값 7,500원

차례

머리말

물고기는 물에서 살기 때문에 물을 잘 모른다고 한다. 우리 역시 일본에서 태어나 일본인들 속에서 자랐고 지금도 그들과 함께 살고 있는 까닭에, 일본인의 성품 중 어떤 점이 좋고 어떤 점이 나쁜지를 잘 알 수가 없다.

지금까지 일본인의 국민성이나 민족성에 관한 많은 관찰과 연구가 있었다. 그중에는 일본인이 쓴 것도 있고 외국인의 눈에 비친 일본인 묘사도 있다.

예전에 일본인이 쓴 것 중에는 일본 민족의 우수성을 증명하기 위한 글들이 적지 않았다. 심지어 마마자국마저도 보조개로 보려는 자화자찬식 글들이 많았다. 제2차 세계대전이 끝나자 이번에는 거꾸로 일본인을 3, 4등 국민으로 낮춰 보는 자학적 열등감에 가득 찬 감상문이 눈에 띄기 시작했다. 물론 그 어느쪽도 옳지 않다.

이에 비해 외국인이 쓴 것은 대개 헛다리를 짚거나 그저 웃고 말아야 할 오해도 많지만, 한편으론 제3자적 입장에서 바라보기 때문에 우리들이 미처 깨닫지 못한 부분을 제대로 짚어 내는 경우도 있다. 그렇지만 외국인의 경우는 무엇보다 환경이 다르고 언어가 자유롭지 못한 탓에 일본인의 심리를 제대로 파악하기가 쉽지 않다.

요즈음에는 사회심리학이나 사회인류학 분야에서 특정 사회집단 구성원들의 공통된 심리나 성격에 관한 연구 방법이 진척된 까닭에 면밀한 조사와 관찰에 기초한 보고서가 나오게 되었다. 이를테면 루스 베네딕트의 『국화와 칼』이 그 좋은 예이다. 하지만 『국화와 칼』이 그러하듯이, 과학적인 연구는 이론이 앞서기 때문에 어떤 사항이나 현상 등을 하나의 가정이나 가설에 맞춰 보기가 쉽다. 따라서 전체적으로 이론의 줄기는 통할지 모르지만, 그로 인해 무리한 해석이 나오게 되고 일반론에 빠지기 쉬운 것도 사실이다.

이 책에서 필자는 일본인의 심리에 대해 일반적인 가설이나 이론을 세우려고 하지는 않았다. 그보다는 오늘날까지도 우리들 대다수가 조금이라도 마음 어딘가에 가지고 있는 사물에 대한 인식 방법이라든가 사고 방식 및 그 표현 방식 등에 대해, 일본인의 독특한 점을 개괄적으로 몇 가지 들어 보았다.

그리고 일본인들의 심리적인 특징을 확실하게 뒷받침해 줄 수 있는 기록을 가능한 한 현대의 자료에서 모아 그 증거를 대려고 했다. 경우에 따라서는 현대 일본인이 가지고 있는 심리의 근원을 찾아 옛 사람들의 심리에까지 거슬러 올라가기도 했다. 이를 통해 일본인의 심리적 전통이라고도 할 수 있는 몇 가지 흐름에 다다를 수 있다고 생각했기 때문이다. 특히 일본은 지리적으로도 역사적으로도 폐쇄된 섬 안에서 성장한 나라이기 때문에, 심리적 전통 역시 다른 나라에 비해 고래로부터 전승된 부분이 많다.

이러한 흐름 속에서 ①일본인의 자아 의식, ②행복과 불행의 심리적인 체험, ③사물이나 현상의 법칙성에 대한 사고 방식, ④정신과 육체에 관한 태도, 이 네 가지를 먼저 살펴보고 끝으로 ⑤일본인의 교제와 상하관계, 즉 인간관계의 특징을 고찰하기로 한다. 아울러 그러한 인간관계로부터 위에 든 바와 같은 몇 가지 심리가 어떻게 표출되어 나오는지, 그 경위를 살펴보려고 한다.

이 책에서 필자는 일본인의 심리에 대해 일반론을 펼치지도 않을 것이며 또한 간결한 도식으로 설명하지도 않을 것이다. 그보다는 오히려 자료를 모아 독자들과 함께 이 문제에 대해 생각할 준비를 하고 있을 따름이다. 독자들은 필자의 생각과 자료를 대조해 보면서 스스로 판단하기를 바란다.

지금 우리 일본인들은 일본의 역사가 시작된 이래 그 어느 때보다도 위험한 시기를 맞이하였다. 일본의 독립성이 침범당하고 국민의 자주성이 상실되어 가는 바로 지금, 우리들은 냉정하고도 객관적인 눈으로 일본 사회나 일본인을 바라볼 필요가 있다.

시급한 정치 문제를 해결하기 위해서도 우리들에게는 한 사람 한 사람의 개개인을 중시하는 마음가짐이 필요하다. 인간이 정치의 희생물이 되어서는 곤란하다. 보수주의자들은 말할 것도 없고 진보주의자들 사이에서도 일본인의 심리적 전통에서 비롯된 나쁜 면이 아직 다 정리되지 않은 채 남아 있다.

이 책에는 일본인의 흠이나 단점에 관한 지적이 많다고 생각할지도 모르겠다. 물론 그것은 반성의 재료로 삼자는 뜻에서 제시한 것이다. 싫은 것, 좋지 않은 것은 빨리 발견해서 없애 버리는 게 좋다. 그렇게 하는 데 조금이라도 도움이 되고 싶어 이 책을 썼다.

끝으로 이 책을 상재하기까지 오랫동안 필자를 격려해 주고 협력을 아끼지 않았던 이와나미(岩波) 서점의 에비하라(海老原光義) 군과 나카지마(中島義勝) 군, 그리고 자료와 원고 정리를 맡아 준 하라구치(原口セッ子) 씨와 우치야마(內山靖代) 씨에게 이 자리를 빌어 감사의 뜻을 표한다.

1953년 10월

미나미 히로시(南博)

I. 일본인의 자아

1. 긴 것에는 감겨라

예로부터 전해 내려오는 '비리법권천(非理法權天)' 이라는 말이 있다. 구스노키 마사시게(楠木正成, 1294~1336: 남북조 시대의 무장)가 기치로 내건 이 다섯 글자는, 제2차 세계대전 중에 특공대 사령관이 자주 쓰던 말로, 부대의 깃발에도 이를 새겨넣곤 했다. 여기서 비(非)라는 것은 무리(無理)를 말하며 이(理)는 도리(道理), 법은 법식, 권은 권력, 천은 천도(天道)를 의미한다.

결국 비(非)는 이(理)에 지고 이(理)는 법(法)에 지며, 또한 법은 권(權)에 지고 권(權)은 천(天)에 지게 된다는 뜻이다. 이 다섯 가지 조항을 분별할 줄 모르면, '세상만사 사리 판단에 어긋남' 이 생긴다는 무가(武家)의 계율이 도쿠가와(德川) 시대에도 있었다.

권위와 권력은 비록 천도(天道)를 이길 순 없지만 인간 사회에서는 법이나 도리보다도 강한 까닭에, 이에 대한 거역은 일을 그르칠 따름이다. 이러한 생각은 비록 그 형태는 바뀌었을지라도 도쿠가와 시대부터 오늘에 이르기까지 일본인의 의식 속에 뿌리깊게 남아 있다.

"긴 것에는 감기고, 굵은 것에는 먹혀라."[1] 복종을 권장하는 이

---

1) 이 일본 속담에 보이는 '긴 것' 과 '굵은 것' 이 본디 무엇을 의미하는 것이었는지는 알 수 없다. 하지만 이 속담은 권력이나 세력이 있는 자에게는 반항하지 말고 꾹 참고 가만히 따르는 게 좋다는 의미로 사용된다.

교훈은 고래로부터 피지배 민중들이 가장 명심해야 할 사항이었다.

이를테면 도쿠가와 시대에 네덜란드의 자연과학을 일본에 소개함으로써 그 누구보다도 합리적인 사고를 가질 수 있었던 니시카와 조켄(西川如見) 같은 이도, "아무튼 하층민의 역할은 사람들을 다스리는 데 있지 않다. 다스림을 받는 입장에 있는 자들은 오직 평상심을 제일의 신조로 삼을 것이며, 게다가 모반의 뜻을 일으키지 말아야 …"(『百姓嚢』)라고 말했다.

또한 메이지(明治) 정부의 지도자들 역시 민중들에게 권력에 대한 무조건적인 복종정신을 심어 놓는 게 권력 유지를 위한 중요한 수단 중 하나라고 생각했다.

가령 교육칙어가 내려지기 훨씬 전인 1879(메이지 12)년 당시 내무장관이었던 이토 히로부미(伊藤博文, 1841~1909)는, "정치를 논하는 무리가 많은 것은 국민의 행복이 아니다"고 하여, 권력에 대한 비판정신을 억압하는 듯한 교육정책을 진언하였다. 결과적으로 일본의 교육정책이 천황에 대한 충성을 최고의 덕목으로 삼는, 복종정신 양성에 주안점을 두었다는 사실은 삼척동자도 잘 알고 있다. "항상 천황 폐하의 말씀을 굳게 지켜라. 매일 천황 폐하, 황후 폐하를 참배하고 경의를 표하라." 복종정신의 양성은 이렇듯 초등학교 교육에서부터 시작되었다.

그러나 복종정신은 그와 같은 덕목 교육에 의해 양성되기보다는, 오히려 말과 폭력을 통해 사람들이 권력에 대해 무서워하는 마음이 들도록 함으로써 길러진다. 일본의 민중들에게 위에서 말한

'긴 것', '굵은 것' 이란 그들이 직접 목격하고 들어온 권력을 지칭하는 것으로, 이를테면 관료라든지 순사(경찰), 군인 등이 이에 해당한다.

복종정신을 교육할 때 순사는 아주 어릴 적부터 이용되어 왔다.

"너 말 안 들으면 순사 부를 거야." 오늘날 도시에서는 이렇게 아이를 혼내는 경우가 드물지만, 농촌에서는 아직도 그러한 표현이 자주 쓰인다. 도호쿠(東北) 지방의 농촌에서는 "아이들이 잘못을 저지르면, 할머니들은 흔히 '순사한테 이를 거야' 라고 말했다." (大牟羅良, 「農村の世間體」, 『東洋文化』 12호)

농촌의 아이들뿐만 아니라 어른들 중에서도 경찰을 무서워하는 사람은 지금도 적지 않다.

총리부 산하의 여론조사 연구소에서는 최근 '경찰관의 교양에 관한 여론조사' 를 실시한 적이 있다. 그 조사항목 중에는 참고인으로 경찰서에 불려간 사람들이 그곳에서 받은 '대접' 에 대하여 묻는 항목이 있다. 이에 대한 대답을 보면, 일본의 어른들이 경찰에 대해 아직까지도 '무서운' 인상을 갖고 있다는 것을 확인할 수 있다.

"참고인으로 불려갔지만, 경찰서에 들어간 순간부터 위협을 하기 때문에 너무 무서웠어요. 너무나 무서워서 정말 싫었어요."(도치기 현, 요리업, 여성, 25세)

"무엇보다 말투가 고운 순사가 없어. 경찰서라는 곳은 정말 무서운 곳이야."(아키타 현, 상업, 여성, 30세)

이러한 공포심이 경찰, 즉 위에서 말한 '긴 것'에 순응하는 복종정신의 기초가 된다.

"순사는 혼내는 게 일이며, 사람들은 혼나는 게 일이다. 하지만 그 혼나는 방법에 능숙하지 않으면 안 된다. 변명을 했다가는 도리어 순사의 심사를 뒤틀리게 할 수 있다. 잘못한 일은 깨끗이 인정하고 사과하는 것 이외에 달리 방도가 없다."

이 문장은 서민들의 처세법을 설파한, 『人に接する法』(1953)이라는 책에서 인용하였다. 이 책의 저자 시미즈(清水正已)는 관리들을 대하는 법의 결론에서, 그 8가지 원칙의 첫 번째로 "자세를 낮추어 사과하는 게 좋다"고 지적하고 있다. 이러한 내용을 담은 책이 오늘날에도 출판되는 사실만 보더라도, 민중들이 복종정신을 떨쳐내기란 결코 쉬운 일이 아니라는 것을 알 수 있다.

경찰과 함께 관리 또한 공포심을 조장해 복종정신을 교육시키는 데 큰 역할을 하였다.

오늘날에도 관리들이 행하는 '조사'는 민중들에게 커다란 공포심을 불러일으킨다. 이는 민간 연구자에 의한 사회조사나 신문의 여론조사에서도 자주 볼 수 있는 일이다.

"이와테(岩手) 현의 농촌에서는 조사를 받은 적이 있는 어떤 농민이 '이 조사는 관청에서 하는 것입니까?', '어떻게 쓰면 좋을까요?' 라고 질문한 적이 있다. … 이건 관청의 명령일까 아니면 미국사람의 명령일까, 그들은 계속 이 문제를 생각한다. … 동시에 그들은 어떻게 써야 좋을지를 생각한다."(앞의 「農村の世間體」)

결국 피조사자인 "농민들에게 회답의 판단기준이 되는 것은 '긁어 부스럼을 만들 필요가 없다', '긴 것에는 감겨라'는 그들의 인생철학이다. 구체적으로 말하자면, 그 마을의 우두머리 격에 해당하는 사람들에게 만족을 주는 식의 회답이 나올 공산이 크다"(「農村の世間體」)는 것이다.

이 같은 관리 또는 관청에 대한 복종정신은 공포심에서 나올 뿐만 아니라 그들의 이욕(利欲)과도 결코 무관하지 않다. 그것은 한마디로 아첨을 동반한 복종정신이다. 이러한 복종정신을 노골적으로 보급시키려고 한 이가 앞서 인용한 『人に接する法』의 저자다. 그에 따르면, "관리는 받들어지는 존재다. 이는 결코 봉건사상에서 나온 생각이 아니다. 관리들에게는 '나는 관리다'라는 자존심이 있다. 그게 봉건적인 사상인지 아닌지 우리는 알 바 아니다. 어디까지나 그것은 상대편의 문제다. 우리는 그들의 기분에 따라가기만 하면 된다"는 것이다.

이처럼 관리를 이용하려는 속셈에서 비롯되는 아첨은 일본 특유의 '연회'에서 가장 큰 효과를 발휘하게 된다. 그래서 "관리가 참석하는 연회는 … 그 모임의 의미가 무엇이 되었든, 관리를 열심히 받들어 줌으로써 그 모임의 목적이 쉽게 달성된다. 그것이 그저 단순한 친목을 위한 모임일지라도 나중에 여러 가지 면에서 그 관리의 호의를 받아낼 수가 있다."(『人に接する法』)

원래 이러한 이욕(利欲)에서 나오는 복종은 표면적인 것이기 때문에 속으로는 관료를 업신여기고 덤빌 수도 있다. 하지만 그게 아

무리 표면적인 것일지라도, 관리에게 복종해야 하는 외부적 조건이나 환경 속에 늘 갇혀 살다 보면 자신도 모르는 사이 복종하는 습성이 몸에 배게 된다. 그렇기 때문에 관리를 대하는 8가지 원칙, 즉 "①몸을 낮춰 사과할 것, ②변명은 하지 말 것, ③감사하는 마음을 가질 것, ④위로하는 마음자세를 가질 것, ⑤호의를 갖게 할 것, ⑥친구처럼 취급하지 말 것, ⑦공복이라 여기지 말 것, ⑧늘 친하게 지낼 것"(『人に接する法』)과 같은 원칙들을 평소부터 마음 속에 새겨놓고 행동을 하면, 당연히 권력에 대한 복종적인 습성이 저절로 배게 되는 것이다.

이러한 복종정신을 가장 단기간에 그것도 철저하게 만들어 내는 곳은 물론 군대였다.

군대야말로 젊은 청년들을 처벌이라는 폭력의 공포, 승진이라는 이욕(利欲)의 유혹에 빠뜨려, 비굴과 굴종 게다가 요령까지 갖춘 괴물을 만들어 내는 공간이다.

『軍隊內務書』라는 책에는 "병영은 생사고락을 함께하는 군인의 가정이다. 병영생활의 요체는 군인정신을 함양하고 군기를 익혀 확고한 단결을 완성시키는 데 있다"는 강령이 보인다. 노마 히로시(野間宏)의 소설 『眞空地帶』에 등장하는, 대학 출신의 군인 소다(曾田)는 이 강령을 다음과 같이 바꾸어 말하였다. "병영은 조문(條文)과 울타리로 둘러싸인 폐쇄적인 공간이며, 강력한 압력에 의해 만들어진 추상적인 사회다. 인간은 그 속에서 인간적인 요소들을 모두 없앰으로써 군대가 된다." 따라서 "병영에는 공기가 없다. 그것은 강력한 힘에 의해 제거되어 버린 지 이미 오래다. 아니 병영은 진공관이라기보다 오히려 진공관을 만들어 내는 곳, 즉 진공지대다. 사람들은 그 안에서 어떤 일정한 자연과 사회를 빼앗겨 결국에는 군대가 된다."

이 진공지대에서 무저항, 절대 복종의 습성을 갖춘 '군대' 가 인간에 의해 만들어지는 것이다.

일본 군대에 관한 연구좌담회(飯塚浩二,『日本の軍隊』, 1945)에서, 구 육군 장교들은 폭력에 의한 복종정신의 교육에 대해 다음과 같이 말했다. "그 어떤 것에도 절대 복종한다는 관념을 심어 놓는다. '왜 이런 짓을 했느냐' 고 상관이 물으면, '이러 이러한 이유로 했습니다' 라고 졸병이 대답한다. 그러면 변명하지 말라고 후려갈긴다. 또, 침묵하고 있으면 '왜 아무 대답도 안 하느냐' 고 두들겨 팬다. 이유를 말해도 얻어터지고 대답을 안 해도 두들겨 맞는다. 결국 '네', '네' 라고만 하는 게 가장 좋다."

요컨대 어떤 행동을 해도 폭력을 당하는 이상 '네', '네' 하며 순종하는 게 상대적으로 피해가 적다는 생각을 하게 된다. 결국 인간이면서 인간이 아닌, 완전히 무기력한 자동기계가 되어 자아가 조금도 남지 않게 되는 것이다.

입대 당시에는 가혹한 분위기 속에서도 인간끼리 어느 정도의 훈훈함을 보일 수 있다고 생각했던 청년들도 이윽고 절망에 빠지게 된다. "괜찮다고 생각했던 전우도 슬슬 본성을 드러내기 시작했습니다. 하루에 두 번 정도는 얻어맞습니다. 병영 내에 인간다운 사

람은 한 명도 없습니다. 나 자신도 인간으로부터 점점 멀어져 간다는 느낌이 듭니다."(福中五郎記, 『きけわだつみのこえ』, 1952)

인간성을 차례로 빼앗아 가는 군대는 살아 있는 주검이고, 그 와중에서 누군가 인간성을 회복하려고 한다면 그는 죽음에 가까운 제재를 받게 된다. "지난 주 일요일, 변소 안에서 어머님께 편지를 쓰는데 눈물이 멈추질 않았습니다. 어머님께는 건강하게 잘 있다고 썼지만, 제 기분은 죽는 사람과 같이 비참했습니다. 이런 편지 내용을 혹시 일등병에게 들키기라도 한다면 아마 살아 남지 못할 것입니다."(福中五郎記, 『きけわだつみのこえ』, 1952)

해군의 경우도 육군과 사정이 다르지는 않다. 『戰艦大和の最期』라는 책에서는, 갑판사관이 방에 들어오는 노병을 때리는 모습을 다음과 같이 묘사하였다.

"발의 움직임, 경례, 말투, 순서 등이 모든 것들의 문제점에 대한 지적이 한도 끝도 없이 이어진다. 그렇기 때문에 예전부터 병사들은 일차실(一次室)에 들어가길 가장 기피한다. 노병 한 명이 그 갑판사관의 성난 소리에 떨며 엉거주춤한 동작을 반복한다. … 정신봉으로 사정없이 볼기를 두들겨 팬다. 둔탁한 소리와 함께 옆으로 쓰러지는 노병, 그 거무튀튀한 얼굴로 바닥을 쓸면서 나뒹군다."

결국 이와 같은 폭력은 복종정신을 양성하는 데 그 주된 목적이 있다. 이러한 사실은, 병사들을 두들겨 패는 행위에 대해 이 책의 저자와 또 한 사람의 사관이 나누는 대화에서도 잘 나타난다.

"부정을 보고도 두들겨 패지 않는, 그런 사관이 있다고 생각해?"

"있습니다. 저는 패지 않는 게 옳다고 생각합니다."

"야 씨팔 놈아 너 어디 사는 새끼야. 여기가 천당인 줄 알아."

"군함입니다."

"전쟁터에서는 '훌륭한', 뭘 좀 아는 사관이라고 해도 아무 쓸모가 없단 말이야. 강하지 않으면 안 되는 거야."

"저는 그렇게 생각하지 않습니다."

잠시 서로 째려 본다.

"네 놈 말에도 일리가 있다는 건 알고 있어. 그러니까 해 보자는 거냐, 포탄 속에서 내 병사들이 강한지, 네 놈 병사들이 강한지. '우리 상관은 좋은 사람이야, 아무렴 빗발치는 포탄 속으로 뛰쳐나가라 그러겠어', 이렇게 네 놈 병사들이 얕잡아볼지 어떨지…."

이와 같은 폭력을 수단으로 한 복종의 강제는 결과적으로 군대 안에 복종하는 습성을 확실하게 심어 놓는다. 자신의 생각이나 욕망을 가능한 억제하고, 언제라도 상관의 명령이 떨어지기만 하면 즉시 응할 수 있는 마음자세를 갖게 하는 것이다.

바꾸어 말하면 군대는 점차 개인의 자발성을 없애면서 기계처럼 명령을 듣고 바로 수행하는 습성을 키우는 장소다. 어떤 학도병은 이 점에 대해 "내 경험을 통해 보면, 군대생활의 고달픔은 결코 일상생활에서 겪는 지나친 육체적 부담에 있는 게 아니다. 다른 사람의 의지에 따라 곧바로 행동할 수 있도록 항상 대기하고 있어야 하는 긴장감, 또한 다른 사람, 주로 고참병이 자기에게 무엇을 요구하는지를 헤아려 자기 몸을 어떻게 움직여야만 되는가에 대한 끊

임없는 걱정, 그 결과 자기의 의지가 질식을 당할 때였다"고 진술하였다.(「農村の世間體」)

이러한 과정을 거쳐 대부분의 군인들은 이윽고 '자기 의지의 질식'을 느끼지 않는 인간기계가 되어가는 것이다. 물론 이러한 비인간성을 청년 개개인은 성장 배경과 출신 성분에 따라 그 강도를 다르게 느낀다. 가령 농촌 출신의 군인들, 특히 농촌 가정의 둘째와 셋째들 대부분은 입대 전부터 가족 내 인간관계에서 이미 복종의 습성을 길러 왔기 때문에 군대생활이 오히려 편하다는 경우도 있다.

앞에서 인용한 이와테 현의 농촌조사에 의하면, "특히 종가집에서 부모와 같이 살고 있는 둘째, 셋째 아들 부부는 … 행동이 느긋한 경우가 많고 외견상으로도 안이하게 보일지 모르지만, 그것은 결코 정신적으로 해이한 게 아니라 주위를 항상 배려하고 신중한 행동을 취한 결과라고 볼 수 있다. 이러한 모습으로 분가할 때까지 종가집을 위해 문자 그대로 멸사봉공(滅私奉公)하고, 그 봉공의 정도에 따라 재산분배가 이루어지는 것이다." 그러므로 "그들은 입대하기 전에 이미 농촌 사회에서 졸병으로서의 의무를 경험한 셈"이며, 또한 "종종 순진하다든가 소박하다는 말을 듣곤 하는 농촌 청년이 군대에서 고참병 등의 신뢰를 얻어 일계급 특진의 영예를 얻는" 일도 있었다.

위와 같은 군대의 복종정신 교육은 전쟁중 많은 사람들에게서 군대뿐만 아니라 학교교육, 사회교육의 이상으로 칭송되었으며 오늘날에도 아직 "긴 것에 감겨라"라는 처세술을 긍정하는 사람들이 적지 않다. 총리부 산하 국립여론조사소의 「사회교육에 관한 여론조사」(1953년 3월)에 따르면, 이 처세술을 긍정한 사람의 연령별 비율은 다음과 같다.

연령(세)	남	여
6～19	17%	14%
20～24	30%	22%
25～29	27%	28%
30～39	38%	35%
40～49	35%	38%
50～59	40%	43%

이 숫자를 액면 그대로 받아들이기엔 좀 문제가 있지만, 대개 30세 이상의 사람들은 오늘날에도 복종적인 처세술을 상당히 지지하고 있음을 알 수 있을 것이다.

2. 멸사봉공

위에서 본 복종정신은 권위에 대한 자동적인 복종의 습성을 길러낼 뿐만 아니라, 한편으로는 자유로운 자아의 성장을 막기도 한다. 또한 자아가 가능한 한 확고해지지 않게 훈련을 시킴으로써 복종의 습성을 강하게 할 수도 있다. "긴 것에는 감겨라"라는 말은 고래의 '와레나시(我なし)'라는 말, 즉 자아부재와도 통한다.

에도(江戶) 시대의 심학(心學)[2]과 관련된 서적에는, 당시의 민중들에게 처세술의 하나로 이 '자아부재'의 마음가짐을 권하는 대목이 여기저기 보인다. 즉 사심을 버리고 '제멋대로' 하지 말 것이며, 오로지 윗사람에게 '봉공(奉公)' 하라는 것이다.

심학의 근본은 민중이 자아를 버리고 욕심에서 벗어나 주어진 일을 군소리 없이 충실하게 수행하는 것, 즉 노예가 되는 것을 최고의 덕목으로 삼았다. 가령 『續鳩翁道話』라는 책에서는, "사심이 없으면 오직 지선(至善)만이 있을 뿐이며 나는 결코 있을 수 없다 …", "… 자아부재의 마음가짐으로 봉공(奉公)을 한다면 그게 결코 봉공이라 느끼지 않는다. 만약 봉공이라 느낀다면 그것은 이미 자아가 존재하는 것이다. … 자기가 봉공에 힘쓰고 있다는 것을 느끼게 된다면 진정한 봉공이 아니다"라고 설명하였다.

'자아부재'는 스스로를 자각하지 않은 채 멸사봉공에 투철한 정신을 말하며, 따라서 모든 자발성을 '제멋대로'인 것으로 간주하여 마땅히 부정해야만 하는 것이다. 가령 효도는 "오로지 부모를 소중히 생각할 뿐 자신에 관한 일은 전혀 개의치 않는 것으로, 이것이야말로 진짜 '자아부재'가 아니겠는가. 이 '자아부재'는 고마운 것

---

2) 일반적으로는 에도 시대의 양명학이나 선(禪) 등의 영향을 받은, 마음의 수양을 중심으로 한 학문을 말한다. 에도 시대 상인층의 사회적 신장을 배경으로 농공상(農工商) 삼민(三民)의 사회적 역할을 높이 평가하고 그 인간적 평등성을 강조한 데 특색이 있다.

으로, 자신의 몸가짐을 제멋대로 하지 않기 때문에 오히려 자신의 몸이 자유로워진다."(『續鳩翁道話』)

심학에서는 이와 같이 '자아를 죽이는' 것이 민중에게 최고의 도덕이라 설파한다. "단지 좋고 나쁨을 생각하는 마음이 자아이며, 이 자아만을 없애 버리면, 인간의 본성은 본디 선하기 때문에 천도(天道)에 따라 좋은 일만 생기게 된다 …"(『松翁道話』)는 것이다.

이와 마찬가지로 무사들 사이에서는, "… 나의 몸은 물론 목숨까지도 내 것이 아니다. 언제 어느 때라도 주군의 부름이 있으면 기꺼이 따르는 …"(『武道初心集』) '멸사봉공' 의 정신이 강조되었다.

제2차 세계대전중에 간행된 『臣民の道解説大成』이란 책에서는, 위에 인용한 무사도의 표현을 그대로 국민의 천황에 대한 '멸사봉공' 정신으로 바꿔 놓았다. 즉 "이 몸 이 마음을 천황에게 다 바침으로써 본분을 다한다. … 우리들의 생명은 내 것이면서도 나의 것이 아니다"라고 해설하였다.

앞에서 인용한 『日本の軍隊』 좌담회에서도 '군인정신' 이 이 '자아부재' 의 정신이었다는 점을 강조하면서, "오로지 현재 주어진 일을 지금까지 해 왔던 방식으로 충실하게 이행한다. 자신과 관련된 것을 생각하는 것은 불충(不忠)이다"라고 말하였다.

여기서는 자아가 불충의 표징으로서 배격당한다. 뒤집어 말하면, 어떠한 행동을 하더라도 그것은 자발적으로 자기가 책임을 지고 한 게 아니라 상관의 명령, 즉 천황의 명령에 대한 절대복종으로서 수동적으로 한 것에 불과하다는 논리가 성립될 수 있다.

그렇기 때문에 제2차 세계대전 후 하급 전범으로서 처형이나 처벌을 받은 하사관들이나 군인의 대부분이 자기들의 무죄를 주장하면서, 명령을 내린 상관에게 책임을 물으며 분노를 터뜨렸던 것도 어찌 보면 당연하다.

사실 B29 탑승자의 처형에 가담한 죄로 사형을 선고받고, 나중에 25년 징역으로 감형을 받은 어떤 하사관은 "나는 실제로 탑승자를 죽였다. 하지만 그 모의에 가담한 것도 아니고 또한 스스로 나서서 한 것도 아니다. 어디까지나 그것은 상관의 명령에 따른 것이었다. 그 명령은 절대적이었으며 신성하고 감히 거역할 수 없는 원수님의 목소리와도 같은 것이었다"(飯塚浩二, 『あれから七年』)고 말하였다.

이처럼 군대에서는 '스스로'의 행동은 모두 금지되어 있으며, 외부에 의해 강제적으로 만들어진 틀 속에서 모든 일과가 제약을 받게 되는 게 사실이다.

물론 군대생활을 처음 시작할 때는 이 틀이 강제적으로 느껴지고, 명령에 대해 자신이 복종하고 있다는 자각은 있게 마련이다. 하지만 그 복종이 하나의 관습으로서 기계적으로 되풀이되고, 그것에 대한 의문이나 비판이 모두 금지되는 상태가 계속 이어지다 보면, 결국에는 그 강제의 틀 속에 박혀 있는 자기 자신을 망각하고 어느새 '자아부재'의 존재가 된다. 바로 여기서 자아의 말살에서 비롯된 복종의 습성이 만들어진다.

그리하여 군대교육에서는 명령이 행동으로 옮겨지기까지의 시간차이, 즉 반응 시간이 짧으면 짧을수록 좋은 군인이 된다. 명령일하(命令一下)라는 말은 명령이 떨어지자마자 자동적으로 그것을 수행하는 습성을 말한다. 따라서 군대에서는 어떤 사관의 말처럼, 개인의 '비판적인 점을 철저하게 두들겨 털어내는 것'이 무엇보다도 중요하다. "초등학교만 나온 놈은 상관이 말하면 곧바로 '네' 하고 튀어온다. 그런데 고등교육을 받고 온 놈들은 일단 자유로운 바깥 공기(자유세계)를 경험했기 때문에 그리 되지 않는다." 군대생활이란 바로 이 자유로운 '바깥 공기'가 길러낸 비판정신을 두들겨 털어내는 것이기 때문에, 그야말로 '진공지대' 그 자체라 해도 좋을 것이다.

복종의 습성이 일단 몸에 배어 버리면 이번에는 그 내용에 상관없이 복종하는 것을 자연스럽게 생각한다. 당사자에게는 명령에 따르는 행동이 마치 자연의 요구에 의한 것처럼 느껴진다. 즉 복종의 "의무가 내면화된다고나 할까, 주관적으로는 그것이 극히 자발적인 행동인 까닭에 외부의 규범에 따른다는 느낌은 전혀 들지 않게 된다."(『日本の軍隊』)

그리하여 그 복종의 습성이 더욱 강해지면, 정해진 틀 안에서 행동하지 않을 경우 오히려 정신적인 고통을 받게 된다. 바꾸어 말하면 틀에 박힌 기계적인 행동을 명령대로 하지 않고는 배겨날 수 없게 되는 것이다.

가령 사관학교의 예과(豫科)에서는 매일 아침 신사참배의 규칙이 있었는데, "처음에는 매우 힘들게 느껴져 참배간다는 것 그 자

체에 많은 노력이 뒤따라야만 했지만, 점점 습관이 되다 보니 가지 않으면 왠지 기분이 좋지 않고 … 아침에 못 갔으면 저녁 때라도 반드시 가게" 되었다고 한다.(『日本の軍隊』)

이와 같이 복종의 습성은 자기 자신이 외부의 강제에 의해 만들어진 생활의 틀 속에 들어가 있지 않으면, 왠지 불안하고 뭔가 빠진 듯한 느낌을 불러일으킨다. 이것은 일종의 심리적 중독으로 이 기계적인 스케줄에서 벗어나면 금단 현상 같은 게 일어나기 때문에, 하루라도 스케줄대로 행동하지 않으면 마음의 평정을 얻을 수 없게 되는 것이다.

그리하여 인간은 규율과 복종의 중독자가 되어 규율을 지키는 자신에게서 쾌감을 느끼게 된다. 어떤 사관학교 출신자의 말처럼 "하루 몇 번씩 욕을 얻어먹는 것보다는 차라리 한 방 두들겨 맞는 게 낫다는 사람도"(『日本の軍隊』) 나오게 된다.

규율을 위반한 벌로 가해지는 폭력을 기분 나쁘게 느끼지 않는 것은 마조히즘의 심리와 통한다. 어떤 일정한 틀 안에 갇힌 자신이 거기서부터 나가려고 할 때 가해지는 채찍을 '좋아하는' 심리 상태는 '괴롭힘'을 스스로 추구하여 쾌락을 느끼는 마조히즘에 가까운 것이다. 뒤에서 다시 언급하겠지만 일본의 '정신교육'은 대부분이 '일본적 마조히즘'이라고도 할 수 있는, 이러한 심리적 경향을 심는 데 집중되었다.

그러한 훈련은 전쟁중에 군대뿐만 아니라 학교나 가정에서도 강제적으로 장려하였다. 산업보국운동의 지도자였던 어떤 실업가

는 "아버지의 위치에 있는 자, 스승의 위치에 있는 자, 우두머리 자리에 있는 자들이 '나를 따르라' 고 솔선수범하며 제멋대로의 행동을 용서하지 않고 교육을 엄격하게 시킨 결과, 규율과 복종이 몸에 배어 전혀 흔들림 없는 강력한 힘을 만들어 낼 수 있었다. 마치 무쇠를 두드려 강철을 만들어 내는 것과도 같이"(大倉邦彦, 『産靈の産業』, 1942)라고 말하였다.

이는 결과적으로 앞서 지적한 '자아부재' 라는 복종의 습성과 함께 후술하는 '무사안일주의', '팔망미인주의' 등의 습성을 낳았다.

3. 긁어 부스럼을 만들지 말라

명령에 대한 절대복종의 습성이 강해지면, 이윽고 무슨 일에든 소극적인 무사안일주의에 빠지는 습성에까지 이르게 된다.

복종의 습성이 상위자(上位者)에 대한 사대주의의 행동으로 나타나는 데에 비해, 위와 같은 소극주의는 상위자뿐만 아니라 자기와 동등하거나 아래라고 생각하는 사람에 대해서도 팔방미인주의를 취한다.

도쿄의 화류계나 연예인들 사이에 많은 신자를 가지고 있었던 도큐주쓰(淘宮術)[3]는 생년월일에 의한 운세점과 수양술을 설파하

---

3) 1834년에 요코야마(横山丸三)가 창시한 개운(開運)의 교의(教義). 이에 따

는데, 그중에 이토 히로부미를 예로 들어 팔망미인주의를 권하는 대목이 보인다.

"세상을 살아가는 데는 팔방미인주의가 제일입니다. 그리하면 사는 데 아무런 지장이 없고 적을 만들 일도 없으며, 또한 남한테 사랑을 받을 것입니다. 이토 공(公)은 그렇게 생각하여 늘 팔방미인주의를 지켰던 것입니다. 어떤 일이건 한쪽에 기울거나 이것저것 사리를 따지게 되면 사람들이 멀리하는 법입니다….

'세상 일이라는 게 그런 것이군요, 지당하신 말씀입니다. 아 그렇습니까, 그걸 몰랐습니다.'

이런 노래를 늘 가슴 깊이 새겨 놓고, 그 어느 때건 이것을 실천에 옮겨 출세한 사람이 부지기수입니다."

즉 그 누구의 의견에 대해서도 '지당하신 말씀'이라며 따르고, "저는 잘 모릅니다"라고 말하며, 결코 자신의 의견을 드러내지 않는 방침이다. 이러한 방침은 복종의 습성이 수동적인 습성으로 확대된 것으로, 결과적으로 사람들은 모든 사항에 대해 자발적인 태도를 취하지 않게 된다. 외국인의 눈에 일본인이 늘 겸손하며 조심스러운 태도를 취하는 것처럼 보이는 것은 대개의 경우, 이 복종의 습성에서 비롯된 소극주의에 기인한다.

일본인들 사이에서는 자발적으로 자신의 의견을 주장하는 게

르면, 인간은 가지고 태어난 생년월일이나 인상, 골상 등에 의해 각자 숙명을 짊어지고 있는데, 이 생래(生來)의 기질을 교정함으로써 숙명을 타파하고 개운을 맞이할 수 있다고 한다.

'편벽함' 이나 '강변' 으로 배척을 당할 수 있으며, 따라서 앞서 예로 든 『人に接する法』에서도 선배를 대하는 법으로 다음과 같이 말한다. 즉 "선배에 대해서는 늘 배우는 자세로 공손하지 않으면 안 된다. 선배를 우월한 존재로 생각해야지 결코 대등한 위치에 있다고 생각하면 안 된다"고 한다. 선배뿐만 아니라 그 어느 누구의 의견에 대해서도 '지당하신 말씀' 이라 대처하는 태도, 이러한 처세술에 익숙해지면 결국 어떤 일에 대해 비록 자신의 의견이 있더라도 "모른다", "알지 못한다"와 같은 소극적인 대답을 하든가, 또는 침묵을 지키게 된다.

특히 농촌에서는 오늘날에도 이 침묵 또는 '지당하신 말씀' 이라는 태도가 매우 강하게 남아 있다. 도호쿠 지방의 농촌에서 행상을 한 적이 있는 이 체험담(「農村の世間體」)에 의하면, 어떤 마을의 농민은 "이쪽에 대해 단지 맞장구를 칠 뿐 자신의 생각이나 의견은 한 마디도 말하지 않았다. … 누가 보아도 그 집 딸에게는 어울리지 않는 수수한 옷을 내밀며 '이게 따님한테 썩 잘 어울리네요' 고 말하자, 그 농부는 '그렇지요' 라고 맞장구를 친다. 또 바보처럼 소매가 짧은 윗도리를 가리키며 '이게 오히려 일하기엔 편해서 좋겠군요' 라고 하자, '아, 정말 그렇군요' 라고 답한다. … 도대체 이 사람들은 다른 사람 말에 반대 의견을 내놓은 적이 있었을까라는 생각이 들었다"고 한다.

하지만 이 팔방미인주의는 어디까지나 표면적인 태도일 뿐, 실제의 행동조차 반드시 팔방미인인 것은 아니다. 이를테면 "위의 예처럼 일단 납득한 듯한 반응을 보이긴 하지만, 막상 물건을 살 단계에 이르면 대개 실수를 범하지 않는 구매 방식을 취하곤 한다. 겉으로는 맞장구를 치지만 속으로는 맞장구를 치지 않는다. … 마을 사람들이 서로를 대하는 모습을 봐도 필요 이상으로 정중한 예의를 차린다"다고 한다.

요컨대 팔방미인주의는 다른 사람과 의견 충돌을 피하면서 자신의 의사를 굽히지 않고 관철시키려는 일면도 있다. 이런 점에서 이 소극주의적 습성은 복종의 습성과 함께 어떤 의미에서는 생활상의 위험 방지라 할까, 자기의 몸을 지키는 데 도움이 된다.

복종이나 맞장구는 본디 안전하기를 바라는 마음에서 나오는 것이기 때문에, 그 '자아부재' 란 실은 이기주의와 통하는 '자아부재' 라 할 수 있다. 물론 그것이 근대적인 의미의 자아 주장은 아닐지라도, 이기주의의 방편으로서는 일정 부분 도움이 된다.

그렇기 때문에 뒤에서 다시 언급하겠지만, 패전 때와 같이 복종에 대한 규율이 느슨해지고 무너지기 시작하면, 복종의 밑바탕에 깔려 있던 이기심들이 맹렬하게 분출되어 자기 욕심을 챙기기 위한 무시무시한 싸움이 일어나는 법이다. 이처럼 복종과 소극주의의 습성은 이기심을 위장하는 연막과 같은 것으로 오히려 이기심을 조장하는 데 일조한다.

4. 하고 싶은 일을 하며 산다

복종과 거기서 비롯된 소극주의 습성은 인간을 완전하게 노예로 만들지는 못한다. 결코 인격의 중심에 있는 자아를 완전히 말살시킬 수는 없다. 그렇기 때문에 방금 말한 것처럼 복종의 틀이 어떤 계기로 느슨해지든가 또는 무너지면, 이제껏 그 틀 안에 갇혀 있던 자아는 다양한 형태로 그 존재성을 주장하기 시작한다.

그런데 일본은 메이지 이후에도 철저한 근대 사회가 되지 못했다. 그 때문에 대부분의 일본인에게는 자유로운 개인의 자아는 확립될 만한 사회적인 토대가 없었다.

이 점에 대해 후쿠자와 유키치(福澤諭吉)는 일찍이 『文明論之概略』에서 다음과 같이 지적하였다. "예로부터 일본은 의용(義勇)의 나라라 일컬어져 왔다. … 무인(武人)들은 쾌활하고 불패의 기상을 가지고 있는 것 같지만 이 쾌활, 불패의 기상은 스스로의 강개(慷慨)로부터 나오는 것이 아니며, 또한 스스로를 사내 대장부라 여기고 단기필마의 자유를 즐기는 마음에서 출발하는 것도 아니다. 그것은 반드시 '외물(外物)'의 권유와 유혹에 의해 생긴 것이다."

여기서 후쿠자와가 지적한 '외물(外物)'이란 조상이나 집안의 명예, 주군, 부친, 신분 등을 가리키는 것으로, '일본의 무인에게는 개개인의 기상'이 존재하지 않는다고 한다. 적극적으로 개인의 자유를 주장한 최초의 일본인 중의 한 사람이었던 후쿠자와는 또한 "인간의 자주, 자유, 독립은 매우 소중한 것이어서 이를 잘못 이해하면 덕도 수양할 수 없고 지혜도 펼칠 수 없으며, 또한 집안도 다스릴 수 없고 나라도 세우지 못하며 천하의 독립도 바랄 수 없다"고도 말한다.

그러나 후쿠자와가 바랐던 건강한 개인주의, 즉 주아주의(主我主義)는 메이지 이래 오늘에 이르기까지 일본인들에게 널리 보급되지는 못했다. 일부 사상가나 정치운동가들은 그것을 당연히 받아들였지만, 일본 국민의 대부분은 지금까지도 이와 무관한 생활을 하고 있다.

그렇긴 하지만 민중들은 권력에 대한 절대 복종이 강요되는 상황 속에서도 어떻게든 자아를 주장할 수 있는 방법을 찾으려 했다. 그것은 다음과 같은 두 가지 형태로 나타났다.

하나는 앞에서 말한 것처럼 복종의 가면을 쓰고 적당하게 사리사욕, 이기주의의 목적을 달성하는 것이다. 이 경우에는 결국 자아의 주장이 이기심을 채우는 정도에 머물고 말기 때문에, 자유로운 자아 대신 사리사욕에 사로잡힌 노예적인 자아만이 남게 된다. 이를테면 『眞空地帶』에 나오는 병장은 노예적인 요령주의를 자랑하면서 다음과 같이 말하였다. "이렇게 하면 말이야, 나처럼 야간행군을 빠질 수 있는 거야. 그러다 보면 병장이 되고, 제대 선물로 하사 계급장을 받아 집에 가게 되는 거지. 이게 바로 멋진 군인생활이 아니고 뭐겠어…."

이러한 이기주의 역시 복종과 강제에 대한 일종의 저항이라고도 생각해 볼 수 있다. 착실하게 곧이곧대로 행동하면 바보천치로

아는 세상에서, '충직한 졸병' 과는 정반대라 할 수 있는, '멋진 군인' 이 되는 것은 어쨌든 그러한 질서 속에서 남달리 요령이 뛰어났다는 증거다.

이 '멋진 군인' 이 되고 싶다는 유혹을 느끼지 않는 군인은 아마도 없었을 것이다.

사관학교 졸업생들 또한 표면적으로는 성적 같은 것은 안중에도 없는 듯한 태도를 취하면서도, 속으로는 출세해서 '멋진 장교' 가 되고 싶어하는 사람이 많았다. "졸업 성적에 따라 우열이 정해지고 임관 후의 진급도 그 순서에 의해 이루어지기 때문에 … 좋은 성적을 내야만 한다고 생각한다. 하지만 그러한 생각을 동료들에게 솔직하게 말하면, 그까짓 성적 따위에 신경을 쓴다고 업신여김을 당하게 된다. … 이처럼 서로 모순되는 두 가지 사항을 교묘하게 조화를 이뤄야만 하는 어려움이 따르는 것이다. 그렇기 때문에 공부를 많이 한다는 것을 남들이 눈치채지 않게 공부하지 않으면 안 된다."(『日本の軍隊』)

이와 같이 복종은 도리어 이기심을 불러일으키고, 바로 여기서 일본인의 심리에서 자주 볼 수 있는 이중성이 나오는 것이다.

딱딱하고 엄한 질서 속에서 살고 있는 인간은 분명하게 그 질서를 부정해야 하는 입장이 되지 않는 한, 그 질서의 틀 안에서 규율과 원칙을 크게 거스르지 않는 범위 내에서 어떻게든 자아의 숨을 쉬려고 한다. 그것은 복종주의와 요령주의를 적절히 사용하여, 방금 인용한 장교의 말처럼 "서로 모순되는 두 가지 사항을 교묘하게 통합시키는" 형태로 나타난다.

복종을 하면 할수록 요령이 필요하고 또한 중요해진다. 그리하여 요령을 생각하면, 이번에는 거꾸로 복종정신이 작용하여 그 요령의 정도를 제한하는 것이다.

이러한 사실은 『眞空地帶』에 등장하는 기타니(木谷)의 고백에도 잘 나타난다. "군대가 좋다는 병사가 도대체 어디에 있겠어, 일본 전체를 뒤져서라도 있으면 나와 보라고 해. … 하지만 병사라는 건 말이지, 아무리 입으로는 그렇게 말할지라도 이 나라 일본을 위해 정성을 다하려는 마음은 모두가 조금씩 갖고 있지 않겠어."

사실, 모든 병사가 일본을 위해 충성을 다하려는 마음을 갖고 있었다고는 말할 수 없다. 하지만 기타니의 말처럼 그들에겐 복종, 봉공의 마음과 자유를 추구하는 마음이 뒤섞여, 때로는 이 둘이 꽤 조화를 이룬 요령주의가 되기도 하고, 때로는 이 둘 사이에 끼여 있었던 게 당시의 실정이었을 것이다.

그런데 이와 같이 복종의 가면 뒤에서 자라나는 이기심은 결코 메이지 이후의 산물만은 아니다.

가령 태평양전쟁 기간에 죽음의 성전(聖典)으로 널리 읽혔던 『葉隱』[4]에는 그 유명한 무사도 정신, 즉 '무사도란 죽음을 깨닫는 것'이라는 절대 희생에 대한 설교만이 기술되어 있는 게 아니라, 다음

4) 하가쿠레기가키(葉隱聞書)의 준말. 야마모토 쓰네모토의 무사도론(武士道論)을 필록한 에도 전기의 책.

과 같은 놀랄 만한 내용도 보인다. "인간의 일생은 불과 얼마 되지 않기 때문에 스스로 하고 싶은 일을 하면서 살아야 한다. 일장춘몽 같은 우리네 인생살이에서 하기 싫은 일만 하면서 고생하며 사는 것은 어리석은 일이다. 이 점은 나쁘게 들으면 해가 되는 까닭에 젊은 친구들에게는 끝까지 다 얘기할 수 없는 비법이다. 나는 자는 것을 좋아한다. 지금 시절에 맞추어 이제 두문불출하고 잠이나 자면서 살아가야겠다."

위의 인용문은 『葉隱』의 구술자인 야마모토 쓰네토모(山本常朝)가 막부의 금령에 의해 순사(殉死)의 뜻을 이루지 못하고, 은둔하여 암자에 살면서 한 말이다.

엄격한 봉건제 하에서 설파된 요령주의와 이기심이, 무사의 '비법'으로서, 이처럼 자기 고백의 형태로 분명하게 드러난다는 사실이 너무나도 흥미롭다.

5. 하찮은 벌레도 소중한 법

복종의 강요는 소극적인 저항으로서 이기심을 낳을 뿐만 아니라, 때론 그것을 강요하는 권력에 대해 적극적인 반항심을 불러일으키기도 한다.

그러나 반항은 반드시 정치운동으로서의 레지스탕스나 변혁의 형태를 취하는 것만은 아니다. 특히 일본에서는 메이지 이후에도 국가 권력에 의한 복종의 강요와 압제가 계속되어 근대적인 사회변혁과 인간혁명의 진행에 방해된 까닭에, 여기서 말하는 반항은 권력을 정면으로 부정하는 형태보다는 이기심이 얽혀 있는 자기중심주의적인 주장으로 나타나기가 쉽다.

그것은 결코 근대적인 의미의 자아 확립을 지향하는 게 아니다. '개인의 자유'는 어디까지나 표면상의 주장에 불과하고, 실제로는 자기 멋대로 행동하고 처신하는 경향을 띠게 된다. 이러한 '제멋대로' 주의는 타인의 자아를 인정하고 인간의 존엄성을 전제로 하는 자아 주장과는 정반대로 인간에 대한 불신과 경멸에서부터 출발한다.

원래 자유로운 자아는 스스로의 힘으로 복종과 압제를 털어내고, 자기 자신을 해방시키는 사회개혁을 통해 비로소 실현될 수 있다. 그런데 일본의 경우에는 국민의 손에 의해 국가 권력이 무너진 게 아니라, 적국의 힘에 의해 무너져 내렸다. 다시 말해 제2차 세계대전의 패전으로 말미암아 일본 국민들은 결과적으로 점령군으로부터 '자유'를 부여받은 셈이다. 그러니까 수동적인 자유, 즉 항복을 조건으로 얻게 된, 명령받은 자유였다.

그렇기 때문에 대부분의 일본인에게는 권력에 대한 반항이 직접적인 사회혁명이나 인간혁명의 흐름에 따라 진행되지 못하고, 기껏해야 자기중심주의적인 폭발로 끝나 버린다.

지금까지 '자아부재'를 강요해 온 권력을 스스로의 힘으로 쓰러뜨린 결과로 자아를 자각하게 된 것이 아니라, 외국의 힘에 의해 권력이 무너지는 모습을 직접 목격함으로써 그것에 대한 신뢰나 두려움이 없어지게 되자, 일본인들은 단지 권력에 대한 불신과 그 것에 연관되었던 인간들에 대해 불신을 느끼게 된 것이다.

이러한 불신은 더욱 확대되어 이윽고 모든 인간에 대한 불신으로 이어진다. 결국 의지할 수 있는 것은 오직 자신뿐이고 자신의 이해득실만이 중요하다는 자기중심주의의 심리에 빠지게 된다. 그리하여 예전에 복종이 강요되던 시대 상황 속에서 요령주의자였던 인간들은 지금의 '주어진 자유' 속에서 이기주의의 신봉자가 되는 것이다.

그런데 권력이나 권위에 대한 반항심은 우선 다양한 모습을 띤 간접적인 비판 방식으로 나타난다. 가령 처벌이나 복수를 당할 위험성이 적은 소문이라든지 농담, 유행가 따위가 그 좋은 예다.

구체적인 예를 들자면, 일본의 군대에는 예전부터 다음과 같은 숫자풀이 노래가 있었다. "'히토' 쓰(一つ = 하나)라 하면, '히토'(人 = 남)가 꺼리는 군대에 지원하는 바보도 있다. 어디 지원만 하는가, 재복무하는 바보천치도 있다. … '뭇' 쓰(六つ = 여섯)라 하면, '무리'(無理)한 일도 군대에서는 명령이라고 구실을 붙여 절대 복종하게 만든다."

이처럼 군대 내부에서는 숫자풀이 노래 등을 허용하는 범위 내에서 부름으로써 불만의 배출구로 삼았던 것이다. 이보다 더 직접적인 것으로는 상관에게서 받은 압박이나 폭력에 대한 불만을 자기보다 지위가 낮은 자에 대한 폭력과 압박으로 해소하는 방법을

들 수 있다. 이 경우, 불만의 배출은 폭포수처럼 위에서 밑으로 줄줄이 내려가는 법이다. "장교는 하사관을 두들겨 패고, 하사관은 상등병까지만 때린다. 그리고 상등병은 자기 밑의 졸병들을 두들겨 패고 … 졸병은 화풀이할 곳이 없으니 말을 두들겨 팬다. … 말이 매우 거칠거나 상처가 있는 중대의 경우 대체로 제재가 엄하다…".(『日本の軍隊』)

불만의 배출이 언어에 의해 이루어지든 혹은 하급자에 대한 폭력으로 이루어지든, 그것은 현재의 질서 속에서 묵인되는 일종의 심리적인 안전판이라 할 수 있다. 이러한 안전판의 전형적인 예로 패전 때까지 일본 국민들 사이에서 떠돌았던 천황과 왕실에 대한 소문을 들 수 있다. 그게 만약 공식적으로 발표되었다면 당연히 불경죄에 걸리는 내용임에도 불구하고 매우 폭 넓고 깊게 일상생활의 화제가 되었다.

한편, 일단 권력에 대해 복종하면서도 내면적인 자아와 외부 권력과의 대결을 자각하는 사람들의 경우, 복종하는 자아와 반항하는 자아 사이에 갈등이 생기게 마련이다.

이를테면 전몰한 학도병들이 남겨 놓은 글에는 다음과 같은 대목이 보인다.

"나는 목숨이 아까운 것일까? 그럴지도 모른다. 아무리 전체주의(집단주의)라느니, 전체(집단)와 개인의 관계라느니 하면서 이해하는 것처럼 입으로는 말하지만, 사람이란 막다른 골목에 이르러 이판사판의 상황에 처하게 되면 결국엔 자기라는 존재만이 남는

법이다. 극단적으로 말하면 그 누구 하나 개인주의적 경향이 없는 사람은 없다고 나는 생각한다." "어찌된 영문인지 군대에 들어간 이후 이상하게 저항 의식이 강해지고, 단지 그들에게 잔소리를 듣고 싶지 않다는 일념으로 버텨 왔다. … 하지만 속으로는 이른바 군인정신에 대해 심한 모멸감을 느끼고 있었기 때문에 '사회에서 물든 자유정신을 털어내라' 는 잔소리를 들으면 들을수록 그 자유를 더욱더 동경하게 되고, 그것을 잃게 되면 과연 우리들이 의지할 곳은 있을까란 생각만을 하기 때문에, 남들이 보기엔 실로 소심하고 겉과 속이 다른 생활이었을 것이다."(『はるかなる山河に』, 1951)

이와 같은 자아의 반항은, 태평양전쟁 말기에 이르러 권위주의가 흔들리기 시작하자, 그때까지는 간접적으로 개인의 자아 주장에 머물던 단계에서 이윽고 권위 그 자체에 대한 직접적인 비판이 되어 폭발하기 시작했다.

가이텐(回天)[5] 특공대원으로 활약하다 전사한 어떤 학도병은 어머님에게 보낸 유서에서 대담하게도 해군의 권위를 다음과 같이 비판하였다. "군인에 대해 품었던 약간의 기대감이 사라지고, 직업군인들이 불쌍하다는 생각이 들었습니다. … 지극히 형식주의자인 그들이 우리 앞에 군림하려 들고, 우리들을 못살게 구는 게 소위 말하는 해군의 전통, 해군의 상식입니다. 하지만 그것은 실은 섬나

5) 본디 하늘을 돌린다는 뜻으로 천하의 형세를 일변시키는 것, 또는 열세를 만회하는 것.

라 근성, 똥구멍이 작은 그 놈들이 으스대며 만들어 낸, 형식적이고 아주 고루한 인습에 불과합니다."(『はるかなる山河に』)

이윽고 태평양전쟁이 말기에 이르자, 이러한 반항은 병사들 사이에서뿐만 아니라 장교들 사이에서도 일어났다. 그것은 상관의 명령에 대한 비판으로 나타났다. 그리하여 "의견을 건의할 때는 두 명 이상은 안 된다"는 규율이 있었음에도 불구하고, 다수의 장교들이 무리를 지어 상관의 명령을 비난하고 때론 직접적인 행동으로 옮기는 경우도 있었다.

가령 공습으로 인해 도쿄에 있는 한 연대가 불에 타 그 모든 책임을 중대장이 뒤집어쓰게 되자, 평소 연대장이 무법적인 태도로 방화 연습을 명령했던 사실에 대해, 장교들 사이에서 불만이 폭발한 적이 있었다. "'일본 본토가 전쟁터가 되면 연대본부를 갈겨 버릴 거야' 라고 어떤 간부 후보생 소위가 씩씩거릴 정도였고, 나도 열이 뻗쳐 일단은 저항했다.…그러던 참에 매우 고맙게도 중간에 끼어 있던 대대장이 나한테 '때가 되면 군복을 벗어라, 그 군복 때문에 고생하는 거야, 그러니까 때가 되면 계급장을 뗄 각오로 너 좋을 대로 하라' 고 충고를 해 줘 많은 도움이 되었다."(『日本の軍隊』)

이와 같이 대대장조차도 그들과 의견이 일치하여 연대장의 권위에 반항적인 태도를 취했던 것이다.

해군의 경우, 전함 야마토(大和) 함상에서, 해전중에 대공(對空) 참패의 원인을 훈련 부족으로 단정지은 포술학교의 결론에 대해

장교들이 맹렬한 항의를 했다.

"포술학교에서 회부되어 온, 전시훈련에 관한 위의 결론 바로 밑에 '이 바보천치 새끼, 우스부치(臼淵) 대위'(一次室長)라고 크게 쓰고 … 게다가 그 위에 편지지를 한 장 더 붙여 '부족한 것은 훈련이 아니고, 과학적인 연구의 열의와 능력이야' 라고 쓴 다음 이어서 '이와 같은 상황에서 계속해서 훈련부족이라고 하는 게 도대체 무슨 의미가 있다는 거야' 라고 썼다.

소위, 중위 할 것 없이 모두 그 밑에 서명했음은 말할 나위도 없다.

이러한 낭패스러운 문서에 대해 누구 하나 꾸짖는 사람도 없었고 또한 징계도 받지 않았으며, 다만 철저히 침묵으로 일관한 간부들 사이에서 회람되었다.

전함 안에서 '세상에서 천하에 쓸모없는 세 가지 무용지물의 전형은 만리장성과 피라미드와 전함 야마토(大和)', '소령 이상 모두 총살, 해군을 구하는 길은 그것밖에 없다' 와 같은 폭언을 해도 그 어떤 거리낌도 없었다."

게다가 전함 야마토에서는 "출격 분위기가 고조됨에 따라 청년 사관들의 이완된 번뇌, 고민은 더욱 격렬한 논쟁을 불러일으키게 되었고", 따라서 "결정적인 패배는 그저 시간 문제"였으며, 결국에 가서는 하사관학교 출신 사관들과 죽음의 의미에 대해 고민하는 학도병 출신 사관들 사이에 난투극이 벌어졌다.

"하사관학교 출신의 소위와 중위들은 하나같이 입을 맞춰, '나

라를 위해, 주군을 위해 죽겠다. 그것만으로도 가치가 있는 게 아니겠어?'

학도병 출신의 사관은 얼굴을 붉히면서 '주군과 나라를 위해 산화한다, 그건 잘 알겠어, 하지만 그게 도대체 무슨 의미가 있는 거지 …',

'그런 의문은 아무 쓸모가 없어, 아니 오히려 해로울 뿐이야, 너는 특공대 마크를 가슴에 붙이고 천황 폐하 만세를 외치며 죽는 게 즐겁지 않다는 거냐',

'나는 그것만으로 죽는 게 싫다. 그것말고 다른 이유가 필요하단 말야', 결국엔 서로 총을 쏘아대는 난투극이 벌어져 아수라장이 되고 …"

이와 같이 태평양전쟁 말기에는 무모한 작전이나 명령을 내리는 군의 권위에 대해, 병사에서 상급장교에 이르기까지 전국 각지에서 반항의 기운이 일어난 것이다. 그리고 전쟁에서 지자, 군은 그간 뒤집어쓰고 있던 권위의 가면이 일시에 벗겨지면서 병사들과 장교들에게서 수많은 항의와 비난을 받게 되었다. 특히 전범 사형수로서 부당한 처분을 받은 하급사관의 수기에서는, 그들에게 복종을 강요한 고급장교들의 행동이 통렬한 비판 대상이 되었다.

이를테면, "감옥에서 중장이나 대령 같은 간부급 장교들을 여러 명 만나 같이 생활했지만, 군복을 벗은 알몸 상태에서 지껄여대는 그들의 언동은 정말로 참을 수가 없다. … 특히 만주사변 이래, 더구나 남방 점령 후의 일본 군인들은 날이면 날마다 이익을 쫓아다

니는 장사치보다도 더 비열한 근성을 갖고 있었다. … 그들이 항상 호언장담하던 '충의'와 '희생정신'은 도대체 어디다 내팽개친 것일까"이다.

또 어떤 전범 사형수는 재판이 불공평하고 상급자들에게 오히려 가벼운 처벌이 내리는 것을 비난하며, 자기 목숨이 부패한 상급 장교의 목숨보다 소중하다는 점을 다음과 같이 지적하였다. "… 몇 명의 대령, 중령과 위관급 장교들이 사형을 선고받을지도 모르지만, 그것이 진실인 이상 너무나도 당연한 일이다. 또 그들의 죽음으로 이 몸이 구제된다면, 국가적 차원에서 볼 때 내가 사는 쪽이 오히려 몇 배나 유익하다는 것을 확신한다. 그들은 겉으로는 소위 '정신적' 운운하는 미사여구를 늘어놓지만, 그 내심은 물욕과 명예욕, 허영심 따위로 가득 차 있다. 이러한 군인들이 과거에 해 왔던 것과 똑같은 생활을 앞으로 계속해 나간다손 치더라도, 그들이 국가를 위해 아무런 이익이 되지 못함은 너무나도 명백한 사실이다…."

1946년 5월 싱가포르에서 사형당했던 육군 상병 기무라(木村久夫: 교토대학 경제학부 학생, 28세)는 위의 수기에서, 처음으로 상관에 대한 절대 복종을 버리고 '나'의 생명이 상관들의 생명보다 '몇 배나 유익'하다는 사실을 주장한 것이다. 바로 여기서 우리들은 한 인간이 권위 앞에 굴하지 않고 자아를 발견해 낸 모습을 확실히 볼 수 있다.

하지만 전범 사형수들은 이와 같은 자아의 주장과 함께 인간에 대한 불신과 절망을 모두가 조금씩이나마 느꼈을 것이다. 역시 사형선고를 받은 어떤 하사관은 고급장교뿐만 아니라 천황의 권위에 대해서도 의문과 비판을 늘어놓으면서, 인간 그 자체에 대한 불신과 절망을 다음과 같이 표명했다.

"대체로 고급장교 중에는 제대로 된 놈이 없다. … 우리들은 경멸을 당하고 바보 취급을 당하며, 속임을 당하고 계략에 빠져 늘 밟히거나 차이거나 한다. … 군대 같은 곳은 두 번 다시 갈 데가 못 된다. 도대체 우리들은 누구를 위해 싸운 것일까? 천황 폐하를 위한 것이라고 믿었지만 아무래도 그건 아니었던 것 같다. 천황은 나를 도와주지 않았다. 나는 천황 폐하의 명령이라면 아무리 싫은 명령이라도 충실하게 따랐다. 그리고 평소에도 늘 천황에 대한 복종 정신을 내 정신으로 만들려고 노력했다. … 하지만 이제는 그 어느 것도 믿을 수 없게 되었습니다. 참기 힘든 것을 참고, 인내하기 힘든 것을 인내하라는 것은 나보고 죽으라고 하는 것입니까? 나는 사형을 당합니다. 그건 이미 정해졌습니다. 나는 죽는 순간까지 폐하의 명령을 지킨 셈입니다. 그러니까 이젠 아무런 채무관계가 없습니다. 사실, 당신에게서 빌린 것은 중국의 최전방에서 받은 7, 8개비의 담배와 야전병원에서 받은 과자뿐이었습니다. 꽤 비싼 담배였습니다. 그 대가로 난 나의 목숨과 그 기나긴 괴로움의 세월을 바쳤습니다. 그러니까 이젠 그 어떤 달콤한 말을 속삭인다 해도 속지 않을 겁니다. 당신과의 채무관계는 끝났습니다. 당신에 대한 빚은 없습니다. 내가 만약 다시 일본인으로 태어난다 하더라도 결코 당신 뜻대로 되지는 않을 겁니다. 두 번 다시 군인이 되지 않겠습니다.

아니, 만약 다시 태어난다면 나는 일본인이 되고 싶지 않습니다. 아니, 나는 인간이 되고 싶지 않습니다."(『あれから七年』)

6. 네 것은 내 것

이리하여 '그 어느것도 믿을 수 없게 된' 일본인들의 마음에는 오직 자기만을 의지하고 자기만의 생활을 지키려는 이기주의가 뿌리깊게 자리를 잡게 되었다.

가령 소설 『武藏野夫人』에 등장하는 후쿠인(復員)[6] 청년의 다음과 같은 심리는 전후 세대의 기분을 대변한다. "패전의 혼란 속에서 그는, 전부터 의붓자식으로서 마음속 깊이 간직하고 있었던, 의지할 것은 오직 나 하나뿐이라는 확신을 더욱 강하게 갖게 되었다. 게다가 포로생활은 그에게 인간에 대한 신뢰감을 잃게 했다. 사회로 복귀한 뒤 그가 본 어른들의 행적은 그의 확신을 뒷받침해 줄 뿐이었다. 그는 학생운동에 흥미를 갖지도 않았고 민주주의도 믿지 않았다."

전후파라 불리는 청년들뿐만 아니라 어른들 사이에서도, 이와

6) 전시 하에서 소집된 군인이 군복무로부터 해방되어 되돌아오는 것.

같은 권위에 대한 불신을 인간 전반에 대한 불신으로 확대시켜, 자기중심적인 습성을 갖게 된 사람들이 적지 않았다.

이는 무엇보다도 패전의 혼란 속에서 소유의 관념이 흔들린 데 기인한다. 특히 군관계에서는 방대한 양의 군수품인 '관물(官物)'이 사유화되어 불하, 횡령, 암거래 등으로 처리되었다. "지금까지는 관물이라 하여 군복이든 뭐든 특별한 느낌이 드는 명칭까지 붙여가면서 소중하게 다루었다. 만에 하나 흠이라도 내게 되면, 천황 폐하의 물건에 흠집을 냈다 하여 영창에 가야만 했다. 그런데 그 관물을 사유화할 수 있는 이상한 상황이 되었고, 결국 그것이 질서 붕괴의 단초가 되었다고 생각한다."(『日本の軍隊』)

이처럼 '천황 폐하의 물건'으로 가장 신성시되어야 할 관물이 사물로 전락했다. 게다가 각자의 사리사욕을 마음껏 채울 수 있게 된 물질적 조건의 변화가 군인의 심리 상태를 동요시킨 하나의 출발점이 되었다는 사실은 실로 교훈적이다.

소유 관념의 혼란으로 인해 철저한 자기중심주의에 빠지게 된 전후파의 단적인 예는 아마도 자살한 '히카리(光=빛) 클럽'의 학생 사장, 야마자키(山崎晃嗣)가 아닌가 한다. 그는 『私は僞善者』라는 수기에서 그 사정을 자세하게 기술하였다.

"종전 당시 나는 육군 회계장교로 임관하여 아사히카와(旭川)의 북부 제178부대에서 양곡관리 업무를 담당했는데, 평소에 천황 폐하의 말씀이라든가 전장의 교훈담만을 외쳐대며 충성을 설파하던 장교들은 포츠담선언의 수락과 동시에 적나라한 인간으로 되돌아

갔다. … 계집은 빨리 먹는 놈이 임자다. 빨리 먹지 않으면 다른 놈이 먹는다. … 나는 사카다(坂田) 대위의 명령으로 부대의 양곡 운반을 전담하던 민간인 운반책과 공모하여 양식을 빼돌렸다. … 그 운반책이 배신하여 밀고함으로써 나는 횡령죄 용의자로 검거되었다. … 징역 1년 반에 집행유예 3년의 판결을 받고 출옥하고 보니, 이 일과는 '아무 관계가 없다' 고 끝까지 약속을 지켜 나를 옹호해 주었던 요코야마(横山) 중위가 이미 그 운반책과 공모하여 '빼돌린' 물건을 처분 … 결국 나는 한 푼도 받지 못하였다 …."

이와 같은 경험이 쌓여 야마자키는 결국 "인간의 본성은 본래 오만하고 비열하며, 또한 사악하고 모순된 것이기 때문에 나는 인간을 근본적으로 신용하지 않는다"는 인간 불신의 철학에 이르게 된다.

이 불신으로부터 그는 '히카리 클럽' 의 사무실 벽에 "네 것은 내 것, 내 것도 내 것이라 생각하라. 이 '히카리 정신' 을 발휘하여 남의 것을 취하라"는 슬로건을 내걸었다. 그리고 그 슬로건에 입각한 철저한 자기중심주의를 주장하고 아울러 그것을 실행에 옮긴 것이다.

야마자키의 경우 이러한 자기중심주의는 자신의 한계에 대한 일종의 실험, 즉 자신의 자아 주장을 스스로 어느 정도까지 관철시킬 수 있는지를 시험해 보려는 형태로 나타났다. 그것은 야마자키가 자아의 확실함을 자기 자신에게 납득시키려고 한 행위이며, 거꾸로 말하면 그가 자아의 불확실성을 잠재적으로 의식하고 있었다는 반증이기도 하다.

야마자키는 자기의 능력에 대해, "나는 나의 젊음과 지성을 늠름한 사업의욕에 쏟아부었다. … 자신의 노력으로, 다른 사람들에 비해 어느 정도까지 뛰어날 수 있는지, 내 능력이 닿는 데까지 실현해 보고 싶었을 뿐"이라 말하였다. 게다가 그는 "어렸을 때부터 뭔가를 할 때마다, '이렇게 하면 괜찮을까요? 어디 잘못된 데는 없나요?' 라고 늘 엄마에게 물었다"고 한다. 이와 같은 사실은, 야마자키가 자아의 연약함을 감추기 위해 자기중심주의에 빠져 있었던 심리적 상태를 잘 말해 준다.

그에게는 신용할 수 없는 인간들의 틈바구니에서 자기 자신을 어디까지 지켜낼 수 있는가 하는 자기방어적인 관념이 항상 작용했다. 그렇기 때문에 그는 남들이 자기를 "얼마만큼이나 배신할 수 있는지, 또한 나는 그 배신에 대해 얼마만큼이나 대항할 수 있는지, 내 능력의 한계를 알아보기 위해 사람을 고용한 적도 있었다"고도 말한다.

인간 전반에 대한 불신과 절망 앞에서 과연 얼마만큼이나 자아가 견뎌낼 수 있는가? 위와 같이 말한 동기 역시 이러한 잠재적인 불안 심리에서 그 답을 찾을 수 있을 것이다.

이처럼 과장된 자아 주장이야말로 자아에 대해 자신이 없음을 반증하는 것이다.

야마자키는, '우주는 나와 함께 태어나 나와 함께 죽는 것이라는 … 자아적인 관념' 을 운운할 때에도, 모든 '이론의 근본은 신앙' 이라는 주석을 달았다. 즉 자신의 생각이라 할지라도 그것은 역시 타

력적(他力的)인 신앙에서 나온 것이지, 결코 자력으로 만들어 낸 이론은 아닌 것이다. 그것은 근대적인 의미의 자아와는 동떨어진, 불확실한 자기를 지탱해 주는 심리적인 버팀목이었다.

야마자키와 함께 전후파를 대표하는, 『確證』의 저자 고타니(小谷剛) 역시 여러 작품 속에서 '자아'라는 말을 자주 사용했다. 그 역시 자신의 작품 속에서 불행한 연애 경험으로부터 인간에 대해 불신을 갖게 된 등장인물을 통해 자기를 얘기하고 있다.

"요컨대 여자에 실패한 것이다. 애정이란 게 얼마나 거짓부렁인지를 배운 것이다. 서로 껴안아 본들, 그리고 서로 눈물을 흘려 본들, 결국은 서로가 어찌할 수 없는 자아를 간직한 채, 동화(同化)의 흉내에 불과한 연애놀음에 취하는 것이다. 인간이란 막다른 곳에 몰리게 되면 적나라한 자아만이 남게 되는 법이다. 그리고 나는 뺨을 부비고 싶을 정도의 기분으로 내 자아를 믿었다. 그 자아는 나의 앞길에 있는 모든 장애물을 수단을 가리지 않고 밀어내려고 시도한다."

여기서도 우리들은 위의 야마자키의 경우처럼, 인간을 믿지 못하는 자기중심주의자들이 '자아'를 내세워 '모든 장애물'을 돌파하려 드는 모습을 볼 수 있다. 이것 역시 자아의 확신에 대한 불안감에서 나오는, 과장된 자기 의식임은 말할 나위도 없다.

하지만 고타니는 야마자키보다 정직하게 자기 마음속의 불안감을 다음과 같이 고백하였다. 그는 야마자키와의 좌담회에서, 사회의 구속에 대해 "(의리, 인정을) 타파할 정도로 자신이 없기 때문에 결국 작품 속에서는 그 반대의 태도를 취하게 된다 …"고 말하였다.

이와 같이 고타니는 불확실한 자아를 어떻게든 보충하기 위해 자아 주장이라는 행동을 한다는 것을 자각하고 있지만, 야마자키의 경우에는 그것을 전혀 의식하지 못하고 있다.

아무튼 이와 같이 허세로 채워진 자아 주장은 뭔가 확실한 심리적 토대를 구하려고 하는 게 일반적이다. 이를테면 야마자키의 경우는 뒤에서 언급하겠지만 '계약주의', '합리주의'의 형태를 취하게 되고, 고타니의 경우는 '육체주의'의 형태를 취하게 된다. 자아를 지탱해 주는 심리적인 토대로서 계약 또는 육체를 유일하고 확실한 사실, 즉 '확증'으로 삼는 것이다. 이처럼 전후파 청년들의 자기중심주의는 오히려 연약한 인간들이 취하는 태도이며, 또한 소극적이고 비생산적이라는 데에 그 특징이 있다.

이 점에서 그들은 메이지 시대의 청년들과는 큰 차이를 보인다. 여기서 잠시 메이지 중기에 청년기를 맞이하고, 오늘날에도 스스로를 자기중심주의자라고 자처하는 마쓰나가(松永安左衛門: 1875년생, 전 동방전력 사장)의 주장을 들어보기로 하자. 마쓰나가는 게이오(慶應) 대학에서 후쿠자와(福澤諭吉)의 '독립자존' 정신을 익히고 이를 토대로 대담하게 자아 주장을 펼친 인물이다. 그의 경우에는 메이지 중기의 미숙한 자본주의의 물결 속에서도 자기가 하고 싶은 대로 생산적인 면에서 적극적으로 행동하는 등, 적극적인 정신이 넘쳐 흐르고 있다. 이를테면 그의 회고담을 정리한 『勇氣ある自由』는 일본에서는 쉽게 볼 수 없는, 대담한 자아 주장의 기록으로 인용할 만하다.

"하여간 젊었을 때 돈이 필요하다면 도둑질말고는 뭐든 장사를 해서 돈을 벌고, 쓰고, 저축한다. 성욕이 끓어오르면 남의 계집이라도 훔치러 간다. 아무튼 한 판 승부로 죽기 아니면 까무러치기로, 중요한 건 남자의 배짱과 재능, 말하자면 본능이랄까 모험적 흥미라고도 할 수 있는 것으로, 자본주의를 신봉했다든가 남을 착취해서 부를 쌓았다든가, 하는 건 남들이 붙인 말에 불과하다."

얼핏 보기에 이것은 전후파 청년들의 행동과 큰 차이가 없어 보인다. 하지만 자세히 살펴보면, 마쓰나가의 자아 주장의 밑바탕에는 불확실한 자아에 대한 불안감 같은 것은 전혀 보이지 않고, 그 대신 후쿠자와류의 '자존'에서부터 나오는 일종의 강력한 반봉건 정신을 읽을 수 있을 것이다. 이러한 정신은 메이지 30년대(1897~1906) 초, 그가 이세신궁(伊勢神宮)에 갔을 때의 추억담에도 분명하게 나타난다.

"학교를 졸업하고, 석탄가게를 하면서 요쓰카(四日) 시(市) 항구에서 장사를 하던 스물 네댓 살 젊은 시절에, 그 유명한 이세신궁을 구경하러 간 적이 있었다. 선남선녀 참배객들이 모두 모자를 벗고, 외투를 벗은 채 계단 아래 자갈바닥에 무릎을 꿇고 열심히 묵도하는 기이한 모습을 보고, 울화통이 터져 도저히 참을 수가 없었다. 그래서 외투를 입고 모자를 쓴 채 담배를 물고 신사 내부를 바라보고 있었더니, 경관이 다가와 절도 하지 않은 채 담배를 피우는 것은 신궁의 규칙에 위반되는 사항이라고 꾸짖었다."(『勇氣ある自

由』)

아마 후쿠자와 문하에서 나온 실업가 중에서, 마쓰나가만큼 확실하게 후쿠자와의 자유주의 사상을 이어받아 그 믿음을 세상에 발표한 사람은 없을 것이다. 그렇기 때문에 그가 오늘날, 일본인의 사대주의를 다음과 같이 혹독하게 비난하는 것도 어찌 보면 당연하다. "이 민족병(民族病)은 사대주의라는 게 그 특성 중 하나로 '긴 것에 감겨라', '우는 아이와 지토(地頭)[7]에게는 못 당한다'는 속담이 바로 그것이다. 후쿠자와 선생 등이 메이지 초년에 강하게 이것을 비난하셨다. 관존민비(官尊民卑)의 사상도, 또한 강권(强權)과 싸우는 것은 보신보가(保身保家)를 위해서는 손해라는 주장도 모두 이런 민족성에서 나온 것이다."

이와 같이 메이지 청년들의 자아 주장은 근대적인 자아의 자각과 직결된 방향으로 향하고 있었다. 하지만 일본 자본주의의 발달은 결국 부르주아적인 자유를 스스로 싸워 쟁취하지 못하고 오히려 국가권력에 의해 보호를 받는 형태로서, 대자본은 군이나 관에 연결되어 있었기 때문에, 일본인들에게는 자아 대신에 사대주의가 오늘날까지 이어진 것이다.

그리하여 자아는 어떤 권위에 의해 결코 침범을 받지 않는, 개인의 존엄이라는 자주적인 입장에서가 아니라, 기껏해야 개인의 사

---

7) 일본 중세의 장원(莊園)에서 조세 징수와 군역, 수호(守護) 등을 맡았던 관리자로 그 권세와 횡포가 대단했다.

리사욕이라는 이기적인 입장에서만 주장하는 것이 보통이다. 위에서 예로 든 야마자키나 고타니의 경우도 결국 그들의 자아 주장이 권위에 대한 반항의 형태를 취한 게 아니라, 기껏해야 전후 사회가 부여한 틀 안에서 개인의 이기심을 채우려는 시도에 불과했다. 그런 의미에서 그들의 주장과 입장 역시 사대주의적 입장과 그다지 다르지 않다고 말할 수 있다.

II. 일본인의 행복관

일본인들은 외국인에 비해 행복이라는 단어를 사용하는 경우가 매우 드물다. 특히 일상회화에서 "나는 행복합니다"라든가 "난 행복해"라고 말하면, 꾸민 말처럼 들리거나 과장된 표현으로 들리기 십상이다. 물론 편지와 같은 문장 표현에서는 "행복하게 지내고 있다"고 쓰는 경우도 없지 않지만, 그것 역시 격식에 불과하다. 아무리 봐도 실감나는 표현은 아니다.

이는 곧 일본인들의 경우, 행복한 상태에 대한 생활 감정이 그 어떤 이유에서인지는 몰라도 약하기 때문이라고 생각한다. 행복이라는 말이 평소에 자주 쓰이지 않는 것은 일본인들의 생활이 행복과는 관계가 멀 뿐만 아니라, 행복에 대해 늘 조심하는 습성을 키워 온 사실과 밀접한 관련이 있을 것이다.

여기서 일본인들의 행복에 대한 감정 표현이 적은 이유를 살펴보면, 예로부터 일본에서는 행복은 위험한 것 또는 덧없는 것으로 여겨져 왔으며, 동시에 불행을 참는 게 미덕이라는 관념이 철저히 그리고 반복적으로 주입되어 왔다는 사실을 들 수 있다. 이를 편의상 행복위험론과 행복공허론, 그리고 불행변호론으로 나누어 생각해 보기로 한다.

1. 아홉은 모자라고 열은 넘친다

— 행복위험론 —

예로부터 일본에는 수양에 관한 책들이 적잖이 전해 내려온다. 거기에는, 거의 예외 없이 "아홉은 모자라고 열은 넘친다"는 계율이 등장한다.

인간은 누구나 충분히 만족한 상태를 바라거나 혹은 만족하면서 행복한 상태에 있기를 바란다. 물론 그것이 죄악은 아니다. 하지만 그게 오히려 위험과 괴로움의 원인이 될 수도 있다고 한다.

이러한 생각은 물론 노장(老莊)의 소욕지족(少欲知足) 사상에서 나온 것이다. 노자가 말한 "知止所以不殆(멈출 줄 알면 위험하지 않다)"라든가, "知足不辱 知止不殆 可以長久(족하다는 것을 알면 창피 당하지 않으며, 멈출 줄 알면 위험하지 않다. 이로써 장구할 수 있다)"와 같은 표현은, 현재 주어진 이상의 행복을 바라는 게 위험하다는 생각을 잘 나타내고 있다.

일본에서는 이미 오래 전에, 가모노 조메이(鴨長明, 1155~1216)가 『方丈記』라는 수필집에서 이 점을 설파하였다. 즉 "재물이 있으면 두려움이 많고", "사람이 하는 일 모두 어리석은데 그중에서도, 위험한 도회지에 집을 짓겠다고 재물을 쏟아붓고 걱정을 하는 게 제일 보람없는 일"이며, 따라서 "다만 이처럼 임시로 지은 허름한 암자만이 한가로워 위험이 없다"고 한다. 그가 내린 이러한 결론 역시 행복위험설로, 즉 윤택한 물질적 조건이 공포심이나 걱정을 유발시킨다고 보는 견해다.

요시다 겐코(吉田兼好, 1283~1350) 역시 수필집 『徒然草』에서 물질적인 행복이 위험하다는 사실을 되풀이 지적하였다. 가령 "재물이 많으면 몸을 지켜내기가 어렵다. 그것은 해(害)를 사고 누(累)를 부르는 매개물이다"라든가, "죽어 재물을 남기는 것은 현자가 할 일이 아니다. … '나야말로 유산을 차지해야만 한다'며 치고박고 싸우는 자들이 있어 보기가 민망하다" 같은 유산 싸움까지 예로 들면서, '아침 저녁으로 없어서는 안 되는 물건'만 있으면 된다고 설파하였다.

위에서 본 가모노 조메이나 요시다 겐코의 행복위험론은 어디까지나 노장이나 불교사상의 영향을 받은 은자들의 개인적인 견해이며, 따라서 이러한 견해들을 처세의 교훈으로 일반 민중들이 널리 그들의 마음속에 받아들인 것은 아니었다.

그러나 도쿠가와(德川) 막부에서는 봉건 사회의 튼튼한 토대를 쌓기 위해, 무력에 의한 제압과 함께 엄격한 신분제를 불편 없이 받아들이는 습성을 민중들에게 심어 놓을 필요가 있었다.

도쿠가와 이에야스(德川家康) 이래, 4대에 걸쳐 봉사했던 유학자 하야시 라잔(林羅山, 1583~1657)은 인의예지신(仁義禮智信)을 알기 쉽게 설명해 놓은 『春鑑抄』에서, 행복위험론을 여러 가지 위협적인 문구를 사용하면서 다음과 같이 강조하였다. "욕심을 내고 싶은 대로 내면 끝내는 망해, 뜻을 굽히지 않고 제멋대로 하면 나중에 반드시 두들겨 맞아, 즐거움을 마음껏 누리다 보면 끝내는 슬퍼져, 조심만 하면 별일은 없어."

하야시 라잔뿐만 아니라 도쿠가와 시대의 유학자들은 민중의 불평 불만이 폭발하지 않도록, 오로지 행복만을 바라는 마음가짐의 위험성을 여러 교훈담 속에서 지적하였다. 이를테면 행복위험설을 주장한 대표적 유학자 중 한 사람인 가이바라 엣켄(貝原益軒, 1630~1714)은, "재물은 끝이 있으나 사욕(私慾)에는 끝이 없다. 이 한도 끝도 없는 욕심에 몸을 맡기면 반드시 재물이 다해 곤궁해진다. …제아무리 부자라 해도 훗날 재물이 모자라 스스로 괴로울 뿐만 아니라 남에게 해를 끼치게 되고, 평생 괴로움과 불행이 자손에게까지 이어진다"고 한다.

더 나아가 그는 재물뿐만 아니라 모든 인간 만사가 만족하게 잘 되어가는 것 그 자체가 위험하다는 일반론을 펼치고 있다. 즉 "만사가 충분히 이루어져 더 이상 더할 게 없음은 근심의 근본이다. 술은 은근히 취할 정도가 좋고, 꽃은 반쯤 핀 것이 좋다"고 한다.

가이바라 엣켄이 설파한 것 같은 행복위험설은 여러 가지 형태로, 그리고 더 통속적으로 도쿠가와 시대의 민중들에게 주입되어 갔다. 이 경우, 단지 행복이 위험하다든가, 만사 충분하지 않은 게 안전하다는 식의 수사(修辭)만으로는 부족하다. 그리하여 오로지 행복만을 추구하려는 인간의 심보에 대해서는 반드시 초인간적인 절대적 힘, 즉 '천도(天道)'가 벌을 내린다는 수사가 등장한다. 가령, 비록 세상 사람들로부터 칭송이 자자하고 현실적으로 행복하더라도 '호사다마'라는 말이 있듯이 행복한 사람에게는 반드시 나쁜 일이 일어난다든가, 혹은 "주역에 이르길 천도(天道)는 차 있는 것을 기울게 한다, 또한 만사 가득 차게 되면 기울게 마련이라고도 한다. 또한 옛말에 많은 것을 갈무리하면 많은 것을 잃는다고도 한다"(『益軒十訓』)와 같은 것이다. 하지만 천도의 벌, 즉 천벌이 '남의 빈곤을 아랑곳하지 않는' 탐욕에 대해서만 내려지는 것은 아니다.

이에 대해 좀더 일반적으로 말하자면, 일본에서는 예로부터 은혜를 너무 많이 입으면 그것이 부담스럽다는 중압감 때문에 신변이 위험해진다는 생각이 있다. 가령 『沙石集』에서는 "커다란 은혜가 있으면 번뇌가 많아져 신변에 위험한 일이 많다"고 설파하였다. 즉 행복이 너무 지나치면 오히려 좋지 않다, 행복도 적당하지 않으면 오히려 지장을 초래한다는 것이다.

심학(心學)의 교훈서인 『あつめ草』에서도 "커다란 행복이 찾아오면, 이를 재앙의 시작이라 생각하고 더욱 조심해야 할 것"이라 말하였다. 이 역시 행복위험론의 계통을 이어받은 행복부정론이라 할 수 있을 것이다.

또한 행복의 한 조건인 쾌락이 오히려 괴로움을 초래한다는 주장은, '즐거움은 슬픔의 시작임을 명심해야 한다'는 심학의 가르침이나, '즐거움은 괴로움의 씨앗'이라는 속담 등에 잘 나타나 있다. 가이바라 엣켄은 이에 대해, "세속의 쾌락은 그 즐거움이 가시기도 전에 재빨리 내 몸의 괴로움이 된다. … 또한 마음을 혼란스럽게 하고 몸을 해치며, 남을 괴롭힌다"고 말하였다.

물론 후술하는 바와 같이 도쿠가와 시대의 국학자 중에는 행복위험론을 반대하고 쾌락주의를 주장하는 이도 전혀 없었던 것은 아니다. 하지만 그들의 주장처럼 비록 인간이 쾌락을 추구하는 존재라 하더라도, 즐거움이 있으면 반드시 고통이 따른다는 생각은 당시 뿌리깊게 남아 있었다.

가령 후지타니 미쓰에(富士谷御杖, 1768~1823)와 같은 이는, "즐거움을 바라지 않고 괴로움을 싫어하지 않는 사람은 없다. 하지만 괴로움을 싫다고만 하면 괴로움이 찾아오고, 즐거움만을 바라면 즐거움을 잃게 되는 법"이라 말하였다.

이와 같이 쾌락이나 물질적 행복이 오히려 고통을 초래한다는 생각은 오늘날에도 처세의 마음가짐으로 수양이나 처세술과 관련된 책에는 반드시 등장한다. 이를테면 "재산이 있어도, … 그것 때문에 오히려 괴로워한다. 부유한 자가 반드시 행복하지는 않다"라든가, "악착스럽게 돈을 쫓고, 돈에 쫓기며 정신없이 뛰어다닌다. 아 그 고통이 얼마나 큰가"(『處世百科辭典』) 등이 그런 것이다.

물론 오늘날의 경우 "행복이 위험하다"든지, "천벌이 내린다" 같은 협박의 형태로는 행복위험론이 설파되지 않는다. 하지만 가모노 조메이와 요시다 겐코 이래의 행복위험론이 오랜 세월 그냥 그대로, 단지 현대어로 번역된 형태로 이어져 내려와, 대중의 생활태도에 하나의 방향을 제시하려고 하는 사실은 정말로 놀랍다.

물론 뒤에서 재론하겠지만, 전후 일본에서는 행복부정론과는 정반대로 극단적인 행복지상주의나 쾌락주의를 창출하는 사회 심리가 퍼지는 것도 사실이다.

그렇다 하더라도 일본인들 중에는 지금도 남의 호의에 의해 어떤 혜택을 받거나 뜻밖의 행복과 마주치게 되면, 그것을 그대로 순수하게 받아들이지 못하는 사람들이 있다. 그들에게는 타인으로부터 받게 된 호의나 뜻밖에 얻게 된 행복이 앞서 말한 '은혜'로 느껴지며, 그 '은혜'가 가져다 주는 부담이 버겁기만 하다. 그렇기 때문에 그들은 행복한 상황에 만족하기보다는 그 부담의 번거로움과 속박에 어찌할 바를 모르게 되는 것이다.

다자이 오사무(太宰治, 1909~1948)는 『人間失格』이라는 소설에서 이러한 일본인들의 독특한 느낌, 그러니까 '행복의 무게'라고도 표현할 수 있는 느낌을 다음과 같이 적확하게 묘사하였다.

"같은 시기에 또한 나는 긴자(銀座)에 있는 큰 카페의 호스티스한테 뜻밖의 은혜를 입었습니다. 그것도 딱 한 번 만났음에도 불구하고. 그래도 그 은혜에 신경이 쓰여, 몸을 꼼짝도 할 수 없을 정도로 걱정이 되고 겁이 났던 것입니다. … 사기범의 아내와 지낸 그 하룻밤이 나에게는 행복한 (이런 엉뚱한 단어를 아무런 주저함도 없이 긍정적으로 사용하는 것은 아마 저의 전 수기를 통해 두 번 다시 없을 것입니다), 정말로 해방된 밤이었습니다. … 겁쟁이는 행복조차도 두려워합니다. 비단결에도 다치는 법입니다. 행복 때문에 상처받는 일도 있는 법입니다. 상처받기 전에 빨리 이대로 헤어지고 싶어 초조한 나머지 늘 사용하던 연막을 피웠습니다. … 헤어지고 시간이 흐름에 따라 즐거움은 없어지고, 오히려 일시적으로 은혜를 입은 게 왠지 두렵고 괜히 심한 속박을 느끼게 되어 …."

이처럼 행복하다는 게 오히려 무거운 짐이 되는 심경은 고래의 행복위험설, 특히 『沙石集』에 보이는 대은위험설(大恩危險說)을 상기시킨다.

2. 죽어서 가져갈 것은 하나도 없다

— 행복공허론 —

현세의 행복을 부정하는 또 하나의 사고로, 행복의 공허함을 주장하는 일종의 허무주의를 들 수 있다. 이 일본적 니힐리즘은 불교의 영향을 받은 무상관(無常觀)에서 그 단초를 찾을 수 있으며, 이후 그것은 일본인들이 갖고 있는 인생관의 심층에 면면히 흐르고 있다.

이러한 사고를 잘 드러내는 대표적인 작품으로는 요시다 겐코의 『徒然草』와 가모노 조메이의 『方丈記』를 들 수 있을 것이다.

그런데 이 두 사람이 무상관을 주장하고 있긴 하지만 여러 가지 점에서 뉘앙스의 차이가 조금 난다.

먼저 요시다 겐코는 『徒然草』에서 현세의 생활을 임시적인 것, 허무한 것으로 보았으며 따라서 그것에 얽매여도 별 의미가 없다고 주장한다. 이를테면 아무리 대저택이라 할지라도 "거기에서 계속 살아야 할 까닭은 없으며, 그것이 한순간의 연기와도 같음은 이내 알 수 있는 것"이라 한다. "하물며 알 수 없는 세계에 대해서까지 이리저리 궁리하는 것이야말로 부질없는 짓"이며, 따라서 현재의 생활뿐만 아니라 후세의 명망도 모두 공허한 것으로 족히 추구할 바가 아니라고 한다. 바로 여기에서 그의 다음과 같은 은둔자적인 사고가 나오게 된다. 즉 "사실을 말하자면, 세상살이가 부질없어 반드시 생사를 초월하고자 하는데 무슨 흥이 생기겠는가. 또한 조석으로 군주를 섬기고 집안을 돌아보는 일에 어찌 정성을 다하게 되겠는가. 인연에 얽매여 마음이 이리저리 움직이게 된다면 한적한 구도의 길을 제대로 수행할 수가 없다. … 어떻게 해서든 이 세상을 등지는 것이야말로 내가 가고 싶은 길"이라 한다.

다음, 가모노 조메이 역시 『方丈記』에서 현세의 행복은 일시적인 것이고, 따라서 족히 의지할 것이 못 된다고 한다. 이러한 생각에서 그의 행복무상론이 다음과 같이 전개된다.

이 세상은 "임시 거처, 그 누구를 위하여 괴로워하고 그 무엇 때문에 즐거워하겠는가. 군주를 섬기는 일과 집안 일 가운데 어느쪽이 무상한가를 다투는 모습은 마치 나팔꽃과 이슬이 무상함을 다투는 것과 같기" 때문에, 행복이 되었건 쾌락이 되었건 결국은 부질없다고 생각하게 된 것이다.

일본인은 위와 같이 무상관을 설파한 문장을 중학교 때부터 접하게 되며, 그러한 생각이 일본인의 인생관을 대표하는 것이라고 배우게 된다. 뿐만 아니라 일본의 문학사상론에는, 문학 그 자체가 사람들 마음속에 무상관을 심어 놓기 위해 존재한다는 견해조차도 보인다.

이를테면 중세의 가인(歌人) 신케이(心敬, 1406~1475)와 소기(宗祇, 1421~1502)는, 렌가(連歌)[8)]의 목적이 무상을 노래하고 세상 사람들에게 무상의 이치를 깨우치는 데 있다고 주장한다.

신케이는『ささめごと』에서, "이 가도(歌道)는 무상감의 술회를 취지로 슬픔을 서로 나누고, 어떤 귀신들의 거친 마음이라도 부드럽게 풀어내어 덧없는 세상살이의 이치를 권하는" 데 있다고 한다.

이와 같이 가도(歌道)는 인생이 무상하고 허무하다는 것을 깨우치기 위한 방법의 하나다. 뒤에서 다시 언급하겠지만, 자연 속에서 인간의 무상을 파악하려는 이 일본 특유의 감상시(感傷詩)는 중세의 렌가(連歌) 이래 오늘날의 유행가에까지 계승되고 있다.

그런데 이 무상관은 도쿠가와 시대가 되면 알기 쉬운 설법의 형태로 민중의 인생관에 스며들게 된다. 가령 저 유명한 하쿠인 에카쿠(白隱慧鶴, 1685~1768) 선사(禪師)의 노래 속에는, "비록 백만장자인들 죽어 가져갈 게 있나. … 목숨이 경각에 달려 이슬 같은 목숨이라 하는데 … 그러하거늘 의지할 데 없는 속세에서 금은(金銀)은 모아 무엇에 쓰나"란 구절이 보인다.

하쿠인은 승려로서 민중들에게 '의지할 데 없는 속세'의 행복이 아무런 도움이 되지 못한다는 것을 설파하였지만, 이러한 무상관은 사이카쿠(西鶴, 1642~1693)와 같이 현실적인 생각을 할 수 있었

---

8) 두 사람 이상이 일본 고유 형식의 詩, 와카(和歌)의 상구(上句)와 하구(下句)를 서로 번갈아 읽어 나가는 형식의 노래.

던 사람의 작품에도 나타난다. 그 역시 금전에 의한 행복이 사후에는 아무런 쓸모가 없다는 것을 다음과 같이 말하였다. "덧없는 이 세상 일장춘몽이라 하지 않던가, 한순간의 연기와도 같이 죽고 나면 그 무엇이 남겠는가. 돌멩이만도 못한 금은보화, 황천길에 무슨 쓸모가 있겠는가."

또한 도쿠가와 시대에 활약했던 합리주의자의 한 사람, 시바 고칸(司馬江漢, 1738~1818)조차도 만년의 수필 『春波樓筆記』에서 자신의 생애를 돌이켜보며 다음과 같이 읊고 있다.

"한평생 이 세상에 사는 동안, 젊어서부터 늙어서까지, 분별 없는 생활의 연속

세상살이란 시장바닥에서 벌어지는 한때의 소란과도 같은 것

아, 아무도 남지 않은 해질녘 하늘이여."

이러한 무상관은 무사들의 경우, 죽음을 두려워하지 않고 욕심을 삼가는 태도를 기르기 위한 근거로서 매우 중요하게 인식되었다.

가령 『武道初心集』에서는 무사가 갖추어야 할 무상관을 다음과 같이 설파하였다.

"(무사는) 날이면 날마다 밤이면 밤마다 죽음을 항상 마음에 새기는 것을 제일의 신조로 삼는다. … 오직 오늘만이 있고 내일을 알지 못하는 몸이라 각오"해야만 한다. 그런데 그 반대로 "죽음을 멀리할 때는, 이 세상에서의 체류를 길게 봄으로써 마음속에 여러 가지 바람이 생기고 욕심이 많아져, 남의 물건이라면 탐을 내고 자

기 물건이라면 아까워하는 일반 백성들의 마음과 같이" 된다. 진정한 무사는 "이 세상을 별 볼일 없는 속세라 생각하고 생활함으로써 탐욕의 마음도 저절로 엷어지고 그 인품까지도 좋아지는 법이다."

즉 인생의 허무함을 아는 것이 무사의 '인품' 을 향상시키는 근본이 된다는 생각이다.

위의 인용문에서 볼 수 있듯이, "죽음을 멀리한다"는 것은 생에 대해 집착을 갖고 현세적이라는 뜻이다. 따라서 무사가 무사답기 위해서는 이 현세적 집착을 버리고, 언제나 무상관을 계속 갖지 않으면 안 된다.

덴포(天保)[9] 연간에 씌인 어떤 수필에서는 이 무상감을 되돌아보지 않는 무사의 모습을 다음과 같이 한탄하였다. 즉 "유한한 몸으로 무한한 욕심에 매달리고, 조금도 무상을 되돌아보지 않고 세속에 급급하여 마치 천세를 누릴 것처럼 행동하는 모습이야말로 천박하기 이를 데 없다"(志賀忍, 『理齊隨筆』)고 하였다.

이러한 예들을 보면, 무사들의 마음가짐 밑바탕에는 충의라든가 담력 등과 같은 용맹스러움과는 동떨어진, 소극적인 무상감 역시 존재했다는 사실을 알 수 있을 것이다. 바로 이러한 무상감이 무사들의 봉공(奉公)이나 죽음의 불합리성에 대한 구제의 방편이었음은 말할 나위도 없다. 이처럼 무사도 정신을 무사들의 내면 속에 숨겨진 나약함이나 체념의 측면에서 재검토하다 보면, 어딘지 그

9) 에도 시대 후기, 닌코(仁孝) 천황 시대의 연호(年號).

들에 대해 인간적인 가련함이 느껴지기도 한다.

그렇기 때문에 무사 출신이었던 선승(禪僧) 스즈키 쇼산(鈴木正三, 1579~1655)은 '무상을 관조하는 마음'을 무사의 중요한 마음가짐의 하나로 들고, 아울러 무사가 "모든 집착에서 벗어날" 수 있다면 "바로 그 순간 죽어도 고통스러움이 가벼워질 것"이라 말했던 것이다.

요컨대 무사나 일반 백성이나, 현세를 무상이라 인식하고 가볍게 바라보는 게 중요하다는 것이다. 『一言芳談』에는 이 무상감에 의한 인종(忍從)과 체념, 다시 말해 행복에 대한 부정이 아름답게 묘사되어 있다. "지금의 생(生)은 하룻밤의 머무름이자 환몽의 세계. 이렇게 한들 저렇게 한들 어찌할 수 있는 게 아니라고 진실로 생각해야만 한다. … 그리 생각하면 견디기 어려운 것도 쉽게 이겨낼 수 있으며, 후세의 생활도 잘 해낼 수 있을 것이다. 우리의 인생이 길다고 생각한다면, 지금의 삶에 집착이 생겨 그로부터 불심(佛心)이 없는 사악한 마음이 생긴다."

이 세상을 무상하다 생각하고 그저 참고 살아갈 수 있다는 것은, 불교 신자와 같이 후세를 믿거나 혹은 무사와 같이 주군을 섬겨 생명을 바칠 각오가 되어 있기 때문이다. 그 어느쪽이 되었든 무상관에 의해 삶이 구제된다는 것은, 결국 현세의 무상에 대해 후세라든가 충의와 같이 어떤 무상하지 않은 절대적인 그 무엇을 목표로 삼을 수 있기 때문에 가능한 것이다.

이와 같이 일본인이 가진 무상감의 배후에는 하나의 절대적인 그 무엇이 존재한다는 점이 특징이다. 따라서 이 무상감은 모든 절대적인 것을 부정하는 외국의 니힐리즘과는 본질적으로 다른 것으로, 일본적 니힐리즘이라고도 부를 수 있을 것이다.

이 일본적 니힐리즘은 예나 지금이나 일본인의 마음속에 면면히 이어져 왔다. 이를테면 쇼와(昭和) 시대의 어떤 국가주의자는 법정에서 무상관과 천황 숭배의 관계를 다음과 같이 토로하였다. "… 하지만 인간이 영위하는 것은 그 최선의 상태에서조차 허약하고 허무한 것입니다. … 그리고 '살아 있는 모든 인간' 은 한결같이 무상을 터득하고 세상살이의 허무함을 깨달아, 늘 무상하지 않은 그 무엇을 추구했던 것입니다. … 전인류가 현재 추구하는 것, 그것은 오직 우리 신국(神國) 일본이며 위대한 신(神) 천황이었습니다."(影山正治, 『七 · 五事件公判記錄』)

이러한 주장은, 일본적 니힐리즘의 전통이 무상의 배후에 존재하는 어떤 무상하지 않은 것을 추구함으로써, 천황이라는 절대자에 이르는 파시즘의 논리와 심리에 연결된다는 사실을 잘 보여 준다.

물론 상황은 다르지만, 가미카제(神風) 특공대로 나가 전몰한 학생들의 수기에도 이러한 일본적 니힐리즘이 곳곳에 적혀 있다. 가령 "… 죽어 천상(天上)의 구름이 되는 날, 그날이 언제인지도 알기 어렵고 또한 피하기도 어려운 게 지금 세상의 흔한 일로 알고…" 라든가, "갈 곳을 정할 수 없는 새들처럼, 비행기를 타야만 하는 우리들에게 오늘의 만남은 내일의 이별, 언제 다할지 모르는 생명을 오로지 천황을 위해, 조국을 위해 바칠 각오가 되어 있습니다."

특공대의 청년들도 예전의 무사들처럼 무상을 되돌아보고 현세를 미련 없이 버림으로써, '유구(悠久)한 대의(大義)' 라는 절대적인 삶을 얻으려고 했을 것이다. 젊은 생명들의 살아 남으려는 의지는 이러한 일본적 니힐리즘으로 인하여 꺾여 간 것이다.

그런데 무상관은 죽음의 문제에만 연관되어 있는 게 아니다. 오늘날에도 처세와 관련된 마음가짐으로 무상관을 갖는 게 중요하다는 생각과 그것에 기초한 생활태도가 뿌리깊게 남아 있다.

가령 인생의 무상함을 깨달음으로써 어떠한 불행이 닥치더라도 당황하거나 슬퍼하지 않는 마음가짐을 준비하는 태도를 들 수 있다. 말하자면 소극적이지만, 불행에 대한 심리적 면역법의 하나로 무상감을 양성하는 것이다. 이것은 예전에 무사나 군인들이 죽음에 임하는 태도와 같은 것으로, 지금까지도 일본인이 가져야 할 '평생의 마음가짐' 으로 얘기되고 있다. 전전(戰前)에 나온 어떤 수신서에는 이와 관련하여 다음과 같은 대목이 보인다. 즉 "인생이 이처럼 무상한 이상, 항상 어떠한 태도를 취해야만 되는가, 또한 그 무상과 만나는 경우의 마음가짐은 어떠해야만 하는가. 이 점을 생각하는 게 인생을 밝게 살아가는 길이며, 동시에 화를 돌려 복으로 만드는 법"이라고 한다.

또한 특수한 정신수양법의 하나인 다도(茶道) 역시, 인생의 무상함을 터득하여 불행에 대처하는 마음가짐을 기르기 위한 것이라는 생각이 지금까지도 이어지고 있다.

일본 다도에서는 차를 마시기 위한 모임을 가리켜 '이치고이치에(一期一會)' 라고 한다. 다도회가 한 번 열릴 때마다 자리를 같이 하는 사람들은 이를 일생에 딱 한 번의 기회로 여겨 다시는 만날 수 없다는 기분으로 행동해야만 한다는 뜻이다. 바로 여기에 다도회의 무상감이 존재하는 것이다.

"… 일생에 한 번인 다도회에서, … 두 번 다시 만날 수도 없고 … 포말과도 같이 그저 덧없이 사라져 가는 다도회 … 인생살이의 무상함을 진실로 알려 주는" 것이 다름아닌 다도회다.

다도회를 이처럼 이해하는 사람이 과연 몇이나 되는지 좀 의문스럽긴 하지만, 취미로 마시는 차에까지 무상감을 끌어들인다는 점에서 일본적 취미생활의 특징을 엿볼 수 있을 것이다. 역설적으로 말하면, 다도의 무상감은 현실생활이 풍족한 사람들에게는 하나의 취미로, 즉 마음의 사치로 느껴지는 것이다.

불행에 대한 심리적 면역이랄 수 있는 이 소극적인 무상감과는 달리, 한편으론 인생의 무상으로부터 오히려 뜻하지 않은 행복을 예기하는 적극적인 태도도 나온다. 전자의 경우에는 무상감이 행복의 부정으로 이어지는 데 반해, 후자의 경우에는 그것이 불행의 부정으로 발전하게 된다. 뒤의 운명주의를 논하는 장에서 자세하게 다루겠지만, 이 무상감은 일종의 도박정신과 결부되어 일본의 독특한 운명론을 구성하기도 한다.

가령 불교의 영향을 적지 않게 받고 있는 어떤 수양서에서는 이 무상감과 행복에 대한 예상을 다음과 같이 결부시키고 있다. "일반 사람들은 … 괴로움에 헐떡인다. 그렇기 때문에 무상하다는 게 애

오라지 위로가 되어 내일의 영광과 즐거움에 희망을 걸고 살아가는 것이다. … 우리에게는 삶이 무상한 까닭에, 오히려 내일의 즐거움을 즐길 희망이 있다고 말할 수 있다."(友松巴諦,『報ゆる心』)

불행에 대한 면역으로서의 무상감과 행복에 대한 예상으로서의 무상감은 동전의 양면과도 같은 일본적 니힐리즘의 두 가지 모습이다. 그런데 이 두 가지 모습과는 조금 다른 형태로, 쉽게 말하면 외국의 니힐리즘에 가까운 무상감과 같은 것도 근대 일본에 흘러들어왔다. 일본적 니힐리즘은 행복이나 불행의 문제와 연관된 이른바 현실적인 무상감이지만, 근대적인 니힐리즘은 행복이나 불행을 문제삼지 않는, 현실을 부정하는 절대적인 무상감을 내포한다.

이와 같은 근대적 무상감은 현대문학에서 종종 표현되곤 한다. 인간에게는 행복의 기쁨이나 불행의 슬픔을 벗어난 일종의 감정이 존재하며, 현실생활의 그 어디에서도 진실을 구할 수 없는 인간의 영혼이 바로 그러한 감정 안에서만 진실을 발견한다는 식이다.

근대 유럽식 교양이 몸에 밴 탓인지, 소설가 나가이 가후(永井荷風)가 묘사하는 무상감은 일본적 니힐리즘과는 다르다. 그는 어떤 절대적인 허무감 같은 것을 작중인물의 심경을 통해 말할 때가 많다. 가령『踊子』에 나오는 아사쿠사(淺草)의 악사(樂師)는 "(아사쿠사) 6지구의 바이올린 연주자가 된 지 벌써 10년, 방탕한 무뢰한의 기분으로 살아온 이 생애도 이젠 아무래도 종국에 다가선 것 같습니다. 슬픈 듯하기도 하고 바람직한 듯하기도 하고, 다만 뭐가 뭔지 모를 매우 침통한 마음가짐"을 술회하였다.

『濹東綺譚』에서는, 뒷골목 여자 오유키와 '서로 상대방의 본명도 주소도 모른 채' 즐기고, '일단 헤어지고 나면 평생 다시 상봉할 수 있는 기회도 수단도 없는 사이' 였음을 안타까워하는, 작자의 무상감이 표출되고 있다. 이러한 무상감은 또한『つゆのあとさき』에 등장하는 법학박사 마쓰자키(松崎)의 다음과 같은 말에도 잘 나타나 있다. "인간 세상에는 과거도 미래도 없이 오직 그날 그날의 고락만이 존재할 뿐이고 영예와 비난, 풍족함과 빈핍함 이 모두가 크게 신경 쓸 만한 게 못 된다는 생각이 든다."

위의 문장에서는 무상감이 '그날 그날의 고락' 이라는 일상생활 속에서 발견된다. 하지만 이 문장 바로 뒤에 나오는 노(老)박사 마쓰자키의 말에는, 근대적 무상감이 결국은 일본적 니힐리즘의 깨달음과 같은 것에 이른다는 사실이 잘 드러난다. "과연 그렇다고 해도, 나 자신의 생애와 같은 것은 인간들 중에서 가장 행복한 삶이라고 생각하지 않으면 안 된다. 나이 60이 되어 이렇다 할 병치레도 없이, 20살 난 계집을 붙잡아 아무 거리낌도 없이 종종 청년처럼 농탕을 치고, 그러고도 부끄러운 마음이 눈곱만치도 없으니 말이다. 이 한 가지 사실만 보더라도 왕후장상의 행복에 비해 뒤질 바가 전혀 없을 것이라며 마쓰자키 박사는 자신도 모르게 소리 내어 웃으려 하였다."

이러한 발언에는, 무상감 속에서 아직 웃으려고 하는 마음의 여유가 존재하며, 일본적인 혹은 선적(禪的)인 자연순응의 기분에서 비난도 영예도 "크게 신경 쓸 만한 게 못 된다"고 하는 해탈이 보인다. 그렇기 때문에 나가이의 무상감은 인생을 살아가는 데 방해가 되기는커녕, 오히려 삶에 대한 구제의 역할을 하였다. 따라서 그는 미치지도 않을 뿐더러 자살도 하지 않았다.

그러나 나가이 이후의 젊은 세대로 내려오면, 무상감은 행복이라든가 불행의 어느 한곳에만 머물러 있을 수 없는, 초조함과 절망으로 이끌려 가게 된다.

이를테면 오다(織田作之助)가 『世相』에서 소설가의 입을 통해 말하는 무상감은 나가이의 경우와 표면적으로는 비슷하게 보이지만, 그것이 삶에 대한 구제의 역할을 못한다는 점에서 전혀 다르다.

즉 '우리들은 좌익이건 우익이건 간에 이제 더 이상 따라갈 수가 없고, 사상이라든가 체계에 불신'을 나타내면서, '그렇다고 해서 극도의 불안 상태에 빠지는 것도 아니고, 왠지 깨달은 것 같으면서도 깨닫지 못한 것 같은, 젊은 건지 늙은 건지를 알 수 없는 애매한 표정'으로 청춘을 보내고, "음 뭐랄까, 일종의 데카당스지요"라고 설명하였다.

그러니까 오다나 그 뒷세대 작가들은 소시민으로서 사상적 동요(動搖)로 말미암아 어떤 정신적인 버팀목을 찾아내지 못하고, 그 결과 동요(動搖)라든가 변전(變轉) 그 자체만을 절대시하는 근대적인 무상감에 이르게 된 것이다. 그렇기 때문에 그에게는, "이리 구르고 저리 굴러 방황하는 모습을 그릴 때만이 나의 문장이 생생한 순간이었으며, 그 어떤 체계나 사상을 갖지 않고 자신의 감수성을 오직 한곳에 침잠시키는 것만이 이 바보천치가 살아 남을 수 있는 유일한 방법이었다."

이러한 근대적인 무상감을 파고 들어가 보면, 그곳에는 절망과 광기 그리고 자살만이 있을 뿐이다. 『인간실격』을 쓴 다자이도 다음과 같이 말할 수밖에 없었다. "지금, 나에게는 행복도 불행도 없습니다. 단지 모든 인간만사는 시간과 더불어 흘러갑니다. 지금까지 아비규환 속에서 살아온 소위 '인간'의 세상에서, 단 한 가지 진리답게 생각한 것은 오직 그것뿐이었습니다."

III. 일본인의 불행관

일본인의 행복관이 자칫 왜곡되어 일본적 니힐리즘이 되어 버리는 것처럼, 불행이라든가 고생에 대해서도 일본인만의 독특한 사고와 마음가짐이 하나의 심리적 전통이 되어 내려온다.

이미 지적했듯이 일본인들은 지금까지도 '행복'이라는 단어를 평소에 잘 쓰지 않는다. 이에 비해 불행이라든가 고생, 괴로움 등과 같은 말들은 그것을 형용하는 '슬프다', '불쌍하다', '외롭다' 등의 표현과 함께 자주 사용한다.

가령 일본의 유행가를 살펴보면, 전후인 오늘날에도 보통명사 중에서 가장 많이 사용되는 게 '눈물'이고, 동사 중에서 가장 많이 사용되는 게 '울다'라는 말이다. 그리고 형용사 중에서는 '귀엽다'라는 말을 제외한다면 '슬프다', '덧없다', '그립다', '외롭다' 등이 가장 빈번하게 사용된다. 이 중에서 '귀엽다'는 말은 밝고 명랑한 노래뿐만 아니라 어둡고 슬픈 노래 속에도 등장하며, 따라서 일본 민중을 대상으로 한 유행가들은 행복한 상태보다도 불행한 상태에 대해 노래하는 경우가 훨씬 많은 게 사실이다.

이를 보더라도 일본인들은 현실생활에서도 또한 심리적으로도 늘 불행에 휩싸여, 그것에 대해 이리저리 생각하는 기회가 많다는 것을 알 수 있다. 다음은 불행관이라고 부를 수 있는, 이 일본인의 심리에 대해 생각해 보기로 한다.

우선 일본인은 불행이라든가 불운에 대해, 어떻게든 그러한 상태나 상황을 체념하거나 혹은 위로함으로써 소극적으로 불평 불만을 가라앉히는 방법을 터득하였다. 실제로 일본의 수양서만큼 불만에 대한 심리적 해결법을 설파해 놓은 경우는 없을 것이며, 바로 그것이 일본적 수양의 중심이라고 해도 과언이 아니다.

그런데 일본인은 소극적으로 불행이나 불운을 참아낼 뿐만 아니라, 오히려 적극적으로 불행이나 비운이 수양에 도움이 된다든가, 아니면 보은(報恩)이나 봉공(奉公)에는 늘 그것이 따르게 마련이라든가, 혹은 부족하거나 불완전한 상태가 오히려 바람직하고 아름답기조차 하다는 부족주의(不足主義), 불완전주의와 같은 심경도 갖고 있다. 이는 자신을 힘들고 아프게 하는 데서 쾌감을 느끼는 마조히즘의 심리에 가깝고, 그러니까 앞서 말한 일본적 마조히즘의 또 다른 형태라 할 만한 심리다.

여기서 불행에 대한 심리적 해결법을 살펴보면, 현재 처한 불행에 대해서는 대개 네 가지 정도의 대책이 마련되어 있다. 첫 번째는 지금의 상태를 그냥 그대로 인정하고 참는 것, 두 번째는 어떠한 이유를 찾아내어 체념하는 것, 세 번째는 위안이 될 만한 것으로 마음을 가라앉히는 것, 네 번째는 불행의 원인을 자기 자신에게 돌려 자책하는 것이다.

1. 참지 못할 걸 참는 게 진짜 인내

불행한 경우에 처했을 때의 가장 손쉬운 '깨달음'은 아무 말도 하지 않고 그저 참는 것이다. 다시 말해 밟히거나 차이더라도 인내하는 것이다. 예로부터 일본에서는 지배자들이 아랫사람들에게 이러한 참을성 또는 인내와 복종이 최고의 미덕이라고 설교해 왔다. 이른바 문답무용(問答無用), 그저 참으라는 것이다. 이러한 인내론의 권위자였던 가이바라 엣켄(貝原益軒)은 다음과 같이 말하였다.

"참아야만 하는 일이 많다. 대체로 그것은 분노와 욕심, 이 두 가지 범주를 벗어나지 않는다. 가령 궁핍함에 만족하고 괴로움을 이겨냄은 욕심을 참는 것이다. 누군가 자신에게 정없이 굴고 무례를 범할 경우, 범인(凡人)인 까닭에 그럴 것이라 생각하고, 화를 내거나 원한을 품지 않음은 분노를 참는 것이다. 이 모든 분노와 욕심을 참아낸다면 심기(心氣)가 평화롭고 몸이 편하며 남에게 폐를 끼치지 않게 되어 수치스러운 일도 없고 괴로움도 없으며 또한 훗날의 근심도 없고 재앙도 없다. … 인내의 사리(事理)가 즐거움을 얻는 데 얼마나 많은 이득을 가져다주는지 이루 다 헤아릴 수가 없다."

이처럼 인내와 복종정신을 철저하게 설파한 수양서를 가이바라 엣켄은 『樂訓』이라 불렀다. 그러면 그 어떤 일을 당하더라도 "원래 인간이란 건 다 그런 거야"라고 화를 내지 않고 참음으로써, 이윽고 '즐거움을 얻는' 심경에 도달하려면 도대체 어떻게 해야만 하는가? 그는 이 점에 대해서는 아무런 언급이 없다. 아무튼 참노라면 좋은 일이 생긴다. 이러한 일종의 결과론 이외에 그 어떤 방법이나 이유를 들지 않았다.

하쿠인(白隱) 화상(和尙)의 범찬(梵讚)[10]에도 "이 세상은 인내의 세계이며 어쨌든 뜻대로 되는 게 아니다"라고 나와 있듯이, 무슨 일을 시키든지 "네", "네" 하며 복종하는 습관을 길러 나가면 이윽고 '인내' 하는 습성이 생겨 "마음이 편안하고 기(氣)가 온화한" 심경에 이르게 된다. 결국은 체념, 부연하자면 어떤 이유가 있는 체념이 아니라 무조건적인 체념 혹은 무기력이라 할 수 있다.

이 무조건적인 체념의 경지에 도달하기 위해선, 앞서 언급한 바와 같이 권위에 대한 절대복종을 오랫동안 강요당하지 않으면 안 된다.

군대교육은 그 좋은 예라 할 수 있다. "신병은 무슨 일을 해도 결국 혼나게 마련이다. 그러는 동안에 이젠 혼나는 게 아무렇지도 않게 되어 불감증이 되어 버린다. 군대는 그런 곳이라는 일종의 체념 상태에 이르게 되면, 그때부터는 대충 해 나갈 수 있게 된다."(『日本の軍隊』)

이러한 체념에 대한 훈련은 그날 그날의 가혹함을 그날만의 것으로 생각하고 참으라는 『葉隱』의 가르침에서부터 오늘에 이르기까지 계속된다. "봉공(奉公)은 오늘 하루라고만 생각한다면 그 어떤 것도 잘 넘길 수가 있다. 그게 하루만이라면 어떻게든 참을 수가 있다. 그 다음날 역시 또 하루만의 …" 이리하여 "참을 수 없는 것을 참는 게 진짜 인내"라는 신조로 하루하루를 살다 보면 이윽고

10) 범어(梵語)로 부르는, 불덕(佛德)을 찬미한 글.

체념의 경지에 도달하는 경우도 있다.

2. 고생은 늘 따르는 법

그러나 인간은 그렇게 간단히, 아무런 논리도 없이 자신의 불행한 신상에 대해 체념하게 되는 것은 아니다. 체념에도 그 이유를 설명하기 위한 논리가 필요하다.

체념의 이유로서 우리들은 먼저 숙명론을 들 수 있다. 이는 인간의 행복과 불행을 전생에서 이미 결정된 것 혹은 전생의 업보라고 보는, 그러니까 모든 것을 숙명의 탓으로 돌리는 사고라 할 수 있다. 일본적 운명론의 특수한 형태라 할 수 있는 이 문제에 대해서는 뒤에서 자세히 논하기로 한다.

둘째로, 인생이 '인내해야만 하는 세계' 인 것은 본디 그것이 '괴로움의 세계' 이기 때문이라는 사고를 들 수 있다. 이는 주로 불교에서 주장하는 것으로, 불교에서는 인생을 철저하게 '업고(業苦)'라 파악한다. 개인으로 말하면 생로병사의 네 가지 고통, 인간관계에서는 사랑하는 사람과 이별하는 '애별리고(愛別離苦)', 미워하는 사람과 만나는 '원증회고(怨憎會苦)', 구하는 것을 얻을 수 없는 '구부득고(求不得苦)', 그리고 사는 것 그 자체의 '오음성고(五陰盛苦)' 등, 불교에서는 존재하는 모든 것에서 업고를 찾는다.

인생을 본래 '업고의 세계' 로 보는 이 체념의 교육은 1935년경,

불교 보급 운동자들의 글을 통해 활발히 권장되었다. 그 대표자의 한 사람인 도모마쓰(友松円諦)는 "인간은 본래 '고(苦)'의 존재다. … 그러하거늘 아무런 괴로움도 없이 이 세상을 살아가려는 것, 그건 이미 뻔뻔스러운 생각"이라고 말하였다.

인생 그 자체가 업고라고 생각해 버리는 염세관이 체념의 심리적 근거가 된다는 사실은 어느 불교도의 다음과 같은 글에도 잘 나타난다. "염세적인 인생관을 갖게 되었기 때문에 사회에 평화를 가져다 줄 수 있는 체념의 관념도 생기게 되고, 또한 혹독한 시어머니에게 걸려든 며느리도 참을 수 있게 되는 법이다."(市橋善之, 『忍苦と慈悲と諦念』)

이 책의 저자인 이치바시(市橋)는 상당한 사업가인 듯한데, 이와 같이 철저한 염세관을 가지고 과연 비즈니스가 잘 되었는지 모르겠다. 아무튼 위와 같은 철저한 염세관이 사람들을 무조건 복종시키기 위한 구실로 사용된다는 사실을 그는 왜 알지 못하는 것일까? 그는 또한 "염세적인 인생관은 참을성을 길러 주고, 아울러 의무의 관념도 낳는다"고도 말한다. 서구처럼 '권리'와 대비되는 개념(對概念)으로서 '의무'를 생각하는 게 아니고, 이처럼 '인생고(人生苦)'를 배경으로 '의무'의 관념이 창출된다는 사실은 일본적 사회심리의 주된 특징이다. 후술하는 '의리'의 문제와도 밀접한 관련이 있는 이 일본적 사회심리에 대해서는 뒤에서 상세히 논하기로 한다.

괴로움의 세계에서 살고 있다는 것은 어찌 보면 무기한의 고역(苦役)을 치르는 것과 같으며, 그렇게 각오를 해 버리면 어떤 불행에 대해서도 체념할 수가 있다. 그리고 일단 이러한 체념이 몸에 배면, 앞서 말한 불행에 대한 면역이라는 면에서는 대단히 유효한 것도 사실이다.

그러나 인생은 '업고' 라는 식의 통속적인 비유를 받아들일 수 없는 사람들에게는 그보다 심오한 말이나 표현으로 불행에 대한 면역법이 설파되곤 한다. 이를테면 앞서 나온 도모마쓰는 '무(無)' 라든가 '공(空)' 이라는 말을 사용한다. "일본인은 '무' 에 주목한다. '공' 이라 깨닫고 있다. 만약의 사태가 생기면 알몸이 될 배짱을 갖고 있다. '무' 야말로 본래의 모습이라고 각오를 하고 있다." "처음부터 밑바닥을 각오하고 있다. 최악의 경우를 준비하고 있다."

이와 같이 체념은 절망이나 실망이 아니고, 항시 '최악' 을 예상하는 태도다. 그러므로 무슨 일이 일어났을 때, 여러 방법으로 손을 써보고 나서 단념하는 것이 아니라, 평소부터 '그럴 수도 있으리라' 고 예측함으로써 막상 그러한 경우를 맞이해서는 '당황하지 않게' 되는 것이다. 바로 이것이 '단념' 과는 다른 일본적인 체념이다. '망했다' 고 손을 드는 것이 아니라 평상시부터 아예 손을 들고 있는 것이다.

이러한 일본적 체념의 극단적인 형태가 『葉隱』에서 말하는 '필사의 관념' 이라 할 수 있다. 그것은 "매일 아침 심신을 가라앉히고 활, 대포, 창, 칼 앞에서 큰 숨을 들이쉰다. 그리고 풍랑에 휩쓸리고, 불난리에 뛰어들고, 번개를 맞고, 대지진에 파묻히고, 수천 장 벼랑 밑으로 뛰어들고, 또한 병사(病死)나 급사 따위와 같은 여러 죽음의 순간을 생각하며 아침마다 거리낌없이 죽어" 두는 마음가짐이다. 그리하여 "방문을 나서면 주검들 사이, 집을 나서면 적을 본다"는 것은 바로 죽음을 "조심하는 게 아니고, 미리 죽어 두는 것"이다.

이렇게 본다면 '필사'란 '죽을 요량'으로 노력하는 것이 아니라, 언제라도 죽는다는 '최악'의 상황을 '미리' 예상하여 그 각오를 하는 것이다. 평상시에 위와 같은 여러 가지 비운의 죽음을 생각해 둠으로써, 죽음에 대한 심리적인 면역을 확실하게 해 두면 비겁한 행동을 하지 않아도 된다. 따라서 그것은 죽음에 대한 '조심'이나 경계가 아니고, 그보다 훨씬 소극적이고도 수동적인 마음가짐이라 할 수 있다. 무사도에서 볼 수 있는 허무함, 허약함이 여기에도 나타난다.

그런데 이보다 좀더 서민적인 수양법과 관련하여, 도큐주쓰(淘宮術)에서 자주 인용하는 다음과 같은 노래를 주목된다. "핀 꽃이라면 지지 않으면 안 되고, 취한 술이라면 깨지 않으면 안 되며, 만난 사이라면 헤어지지 않으면 안 된다. 꽃이라 하면 벚꽃, 확 떨어질 정도로 만개하지 말고 제발 적당히 피었으면 좋겠어." 이 노래는 『葉隱』에 나오는 '필사의 정신'과는 다른, 서민적인 감정으로 일본적 체념을 잘 나타내고 있다.

오늘날에도 일본 민중의 대다수에게는 이러한 체념이 고달프기만한 하루하루를 살아가는 데 강력한 버팀목이 된다. 고생은 사람에게 '따르게 마련'이며 '싫어해도 떨어지지 않는 것', '고생을 하는 게 일생의 임무'라고 심학(心學)에서 가르쳤던 도쿠가와 시대부터 오늘에 이르기까지, 결국 민중들의 생활은 조금도 나아지지 않은 셈이다.

3. 제 분수를 알라

또한 체념은 예로부터 분수나 신분의 관념과 결부되어 "제 분수를 알라"든가, '분소오(分相應)'[11] 등과 같은 교훈으로 지금도 전해 내려온다. 이를테면 '안분지족(安分知足)'이라는 유교의 가르침은 도쿠가와 시대의 처세술로 당시 자주 쓰인 말이었고, 지금도 세상 살아가는 데 대단히 중요한 마음가짐이 되었다. 불교의 경우에도, 앞서 인용한 하쿠인(白隱)의 범찬(梵讚)에 이와 같은 내용의 시가 보인다. 다만 그는 빈곤한 사람들의 불평 불만을 한편으론 인정하고 있는데, 이는 지족사상(知足思想)으로서는 매우 예외적인 것이다.

"욕심이란 한이 없으며 있으면 있을수록 부족한 것, 족함을 알라는 부처님의 가르침을 새겨들어라. 궁핍하여 발버둥치는 것은 어쩔 수 없지만, 재물이 있으면서도 발버둥치는 것은 말이 안 된다."

그러나 이러한 하쿠인의 생각은 예외적인 것이며, 지족(知足)은 안분(安分)과 결합되어 도쿠가와 시대의 신분제 사회에서 민중들

11) 과분(過分)하지 않고 분수에 걸맞은 마음가짐이나 행동.

로 하여금 제 분수에 만족하고 윗사람에게 복종하는 태도를 갖게 하는 방편이었다. 이를테면 가이바라 엣켄(貝原益軒)의 『樂訓』에 보이는 다음의 한 구절은 그 대표적인 예일 것이다. "부귀빈천은 현명함과 어리석음에 의한 것이 아니고, 오직 출생에 따르는 몫"이며, "제 분수를 알아 분수 밖의 것을 바라지 말 것이며 … 하늘을 원망하고 사람을 탓하지 말 것이니라."

지족사상은 오늘날에도 처세법의 하나로 권장된다. 예를 들면 『處世百科辭典』에도, "돈이 되는 나무를 당신은 갖고 있다. 왜 그걸 모르느냐. 그것은 당신의 마음가짐 여하에 달려 있다. 만족함을 안다는 것, 바로 이것이다. 재산이 아무리 많아도 만족하지 않으면 빈곤한 사람과 같고, 가난해도 그것에 만족한다면 부자와 같다"라고 씌어 있다.

4. 달에 떼구름, 꽃잎에 바람

—자연과 인생—

이처럼 '분(分)'을 인간 사회의 '신분(身分)'이나 '분수(分數)'와 같은 주어진 지위로 생각하는 안분지족사상 이외에도, 인간을 포함한 자연 또는 우주 안에서 각자 자신이 받은 만큼의 '분'을 생각하는 분수론(分數論)도 일본에는 존재한다.

이 경우, '분'은 다음과 같이 두 가지로 나누어 볼 수 있다. 하나는 '천도(天道)', '천명(天命)'에 의해 정해진 '분'이며, 다른 하나는 자연 현상의 일부인 인간에게 정해진 '분'이다.

여기서 후자와 같이 자연 속에 인간을 놓고, 그 자연의 '분'으로부터 안분지족을 설파한 예로 심학자(心學者) 하토(鳩) 옹의 말을 인용해 보기로 한다. 즉 "초목이 꽃을 피우고 열매를 맺는 것은 사람의 번영과 같은 것이다. 그 초목에도 크고 작음이 있다는 것은 사람의 빈부궁달(貧富窮達)에 차이가 있는 것과 같다"고 한다.

그럼에도 불구하고 인간은 이 '자연'에 등을 돌려 제멋대로 하기 때문에 행복해질 수가 없다는 것이다. "초목이 꽃을 피우지 않는 것은 이쪽의 제멋대로가 멈추질 않기 때문이다." 이와 비슷한 내용을 불교적 인생관의 해설자 에바라(江原小彌太)는 다음과 같이 말하였다. "인생살이도 실은 신분에 걸맞은 모습이 있는 것이다. … 인생 현상도 역시 자연 현상의 하나다."(『心の置きどころ』)

이러한 자연과 인간의 합일을 가르치는 불교는 상당히 넓고 깊게 일본인의 사고 속에 뿌리를 내리고 있다.

예를 들어 하이쿠(排句)[12] 시인 다카하마(高浜虛子)는 자신의 인생관에 관한 질문에 대해, 자연은 "사회적인 것 전부를 포함한 그 모든 것을 움직이는 어떤 근원적인 힘"이며, "인간의 생명은 꽃이 피고 나뭇잎이 지는 자연의 움직임, 천체의 운행과 같은 것으로 우주 현상과 함께 태어나 함께 죽어간다"고 대답했다.

---

12) 5 · 7 · 5의 3구(句) 17음(音)으로 구성되는 일본의 단형시.

이것은 하나의 예에 불과하지만, 일본인은 예로부터 자연에 친근함을 느끼고 사회보다도 자연에 대해 관심이 많다. 특히 예술 면에서는 자연을 소재로 노래하고 그리며 말하는 경우가 아주 많다. 그 까닭이 어디에 있는 것일까?

적어도 그 이유의 하나로, 일본인은 자연과 인생을 동일한 것으로 간주하고 그 자연의 변화와 허무함, '제행무상(諸行無常)'으로부터 인생의 불행과 불운을 설명하려는 경향이 강하다는 점을 들 수 있을 것이다.

일본인들은 자연을 문학작품의 소재로 삼기를 좋아한다. 이는 일본의 풍광(風光)이 밝고 아름답기(明媚) 때문이라고 설명하는 이들이 적지 않다. 하지만 단지 경치가 좋다든가, 계절의 변화가 아름답기 때문에 그것들이 작품의 대상이 되기 쉬운 것만은 아니다. 역시 일본인에게는 자연을 의인화해서, 또는 그 반대로 인간을 자연화해서 보는 태도가 예나 지금이나 강하기 때문이기도 할 것이다.

이러한 태도가 문학작품 속에 가장 잘 구현된 것이 앞에서도 인용한 중세의 렌가(連歌)다. 렌가는 그 형식은 물론 내용 면에서도 실로 자연과 인생의 변전(變轉)을 너무나도 잘 표현하고 있다. 니조요시모토(二條良基, 1320~1388)는 『筑波問答』에서, 렌가의 형식 그 자체가 자연과 인생의 무상과 변전을 잘 표현하고 있다는 점을 다음과 같이 지적하였다. "렌가에서는 그저 단순히 앞에서 읊은 심정을 뒤에서 그대로 이어받는 게 아니다. 또한 성(盛)함과 쇠(衰)함, 근심과 기쁨이 서로 경쟁하듯이 변화해 가는 모습이 세상살이의 존재 방식과 다르지 않다. 어제라 생각하니 오늘이 가며, 봄이라 생각하니 가을이 되고, 꽃이라 생각하니 단풍이 드는 모습 등은 계절의 관념조차도 초월하고 있구나."

또한 소기(宗祇)는, 렌가가 자연의 변화 속에서 인생의 허무함을 깨닫기 위한 연습이 된다고 주장한다. 즉 "가도(歌道)는 오직 자비만을 마음속에 새겨, 홍영황락(紅榮黃落)을 보더라도 죽살이의 이치를 터득하면 마음속의 귀신도 온화해지고, 본각진여(本覺眞如)의 도리(道理)에 가히 귀의할 수 있다"(『吾妻問答』)라든가, "… 비화낙엽(飛花落葉)을 보고서 누가 감히 그 이치를 저버리고 상주(常住)의 생각을 하겠는가"(『古今十口抄』)라고 말하였다.

이보다 앞서 신케이(心敬)가 가도(歌道)를 가리켜 "덧없는 세상만사의 이치를 권하는"(『ささめごと』) 것이며, "비화낙엽(飛花落葉)을 보더라도, 또한 초목의 이슬을 보더라도, 항상 이 세상의 꿈 부질없음을 깨달아 …"라고 주장한 것은, 이 역시 위와 같은 마음자세라 볼 수 있을 것이다.

또한 신케이는 "마음속으로 많은 욕심을 차릴 채비를 하는" 사람들이 "말로만 걱정스럽다, 괴롭다, 슬프다, 보람이 없다, 세상이 싫다, 몸을 버리겠다고 말하는데, 바로 그 점이야말로 참 가소롭다"고 탄식하였다. 이를 뒤집어 보면, 신케이에게 가도(歌道)란 "마음속으로 많은 욕심을 차릴 채비를 하는" 인간의 태도를 고치기 위한 일종의 수양법이라 할 수 있다. 즉 자연 속에서 무상을 터득하고 인간의 불행에 대해 체념함으로써 깨달음에 이르는 심술(心術),

바로 그것이 신케이가 말하는 가도(歌道)였던 것이다.

자연과 인생을 동일시하는 렌가의 정신은 보다 대중적인 형태로, 오늘날의 유행가나 나니와부시(浪曲)[13]에도 이어져 내려온다.

꽃의 운명을 알면서도
일곱 색깔 사랑의 무지개
아아 외곬으로 피어나는 이 마음…
산속 호숫가에 서서
꽃의 비애를 언뜻 떠올린다
(『七色の花』)

풀의 생명은 일추(一秋)
풀 같은 인간의 일생
아아, 될 대로 되어라
이 짧은 목숨이여
(『彌太郎笠』)

미련을 남긴 채
헤어진 항구
비에 젖은

13) 일본의 비파라 할 수 있는 샤미센(三味線) 반주로, 의리나 인정과 같은 서민적인 주제를 읊은 노래의 일종.

갈매기 한 마리
아아
붉은 동백꽃
동백꽃 지듯이
덧없는 꿈
온천 주인에게
어째 오늘밤도
울어야 하나
(西條八十, 『赤い椿の港町』)

이 같은 예는 얼마든지 있다. 현재의 유행가 역시 사랑의 슬픔과 불행을 '비화낙엽(飛花落葉)'에 비유한 점에서, 그 옛날 중세 렌가의 무상함을 연상케 한다.

나니와부시에서도 자연과 인생의 무상함은 되풀이 노래된다.

차면 기우는 달 그림자
어제의 심연(深淵)이 오늘의 여울로
변하는 인간 세상이
운명이라 생각하면 주저함도 없어지며
나는 새도 떨어뜨리는 권세 역시
부질없다
(『赤城の子守唄』)

떼구름에 가린 달처럼
폭풍우에 젖은 꽃잎처럼
뜻대로 안 되는 게 인간만사라
(『三味線やくざ』)

달에 떼구름, 꽃잎에 바람
버둥댄들, 속세의 거친 파도에
이리 차이고 저리 채여 흘러만 간다
우리네 운명의 광란
그 어디 한탄할 까닭이 있겠는가
(『赤城夜曲』)

이처럼 나니와부시에서도 자연에 의탁하여 인생의 불행을 노래하며, 자연의 허무함으로부터 인간도 '한탄할 까닭' 이 없다는 것을 깨달아 체념하게 되는 것이다. 이러한 불행의 체념과 연관된 자연묘사는 역시 일본인이 가지고 있는 독특한 심리적 전통에서 유래한다고 할 수 있다.

5. 인생은 나그네 길

일본인은 자연과 인생을 동일하게 볼 뿐만 아니라, 곧잘 인생을 여행에 비유하기도 한다. 이를테면 '인생의 행려(行旅)' 라든지, '인생의 여로(旅路)' 와 같은 비유들이 이에 속한다. 또한 문학작품 중에는 인생의 허무함이나 외로움, 혹은 유전(流轉)의 양상을 나그네의 모습을 통해 그린 것들이 적지 않다. 여행은 인생의 상징으로서, 그리고 나그네의 외로움은 인생의 불행을 상징하는 것으로서 그려지는 것이다.

중세의 시가론(詩歌論)에도, 노래를 읽을 때의 마음가짐으로 나그네의 외로운 모습을 읊은 한시(漢詩)를 음미하면, 마음속 깊이 와 닿는 좋은 노래가 만들어진다고 씌어 있다. 가령 『正徹物語』에서는, "데이카(定家)[14]가 이르길, 노래를 지을 때 항상 이태백의 '故鄕有母秋風淚旅館無人暮雨魂' 이라는 시를 음미하면 마음이 앙양(昂揚)되어 좋은 노래를 읊을 수 있다"고 한다.

길을 떠나는 나그네의 애수와 인생의 허무함을 결부시킨 일본적 센티멘털리즘은 오늘날의 유행가나 나니와부시에서도 대중들에게 어필할 수 있는 좋은 소재이다.

실제로 '나그네 길' 이나 '이별' 등과 같은 소재는 유행가와 나니와부시에 많이 나타난다. 이들 노래에서는 인생을 나그네 길에 비유함으로써, 불행이나 비애에 대하여 체념하려는 경우가 적지 않다.

---

14) 가마쿠라 시대의 초기에 활약했던 가인, 후지와라노 데이카(藤原定家, 1162~1241).

다음과 같은 유행가는 그 대표적인 예다.

흐르고 흘러
이내 몸이 갈 곳은?
어차피 노숙(露宿)
한뎃잠
(西條八十, 『さすらいのギター』)

어제는 동쪽
오늘은 서쪽
나는야 인생유전의
노랠 부른다
(『涙の母子鶴』)

나그네 길은 끝이 없어
서커스 처녀
내일도 울지요
사다리 위에서
(西條八十, 『悲しき小鳩』)

가랑비 내리는 날은
마음까지 젖어

왠지 서글퍼
먼 길 떠나는 이내 마음
(『赤い椿の港町』)

이러한 나그네의 방랑과 슬픈 이별은 허망한 '인간 세상' 그 자체의 모습으로 비치게 마련이다. 바로 여기서 인생은 '부질없는 나그네 길' 이라는 표현이 나오는 것이다. 나니와부시에 등장하는, "부질없는 이 몸이 가야 할 길은 서쪽인가 동쪽인가, 부는 바람에 맡기고"라는 구절은 바로 이러한 심경을 노래한 것이다. 여기서도 나그네의 방랑과 인생 유전은 표리일체가 되어 나타난다.

소설가 오다(織田作之助) 역시 『世相』이란 작품에서 이러한 심경을 적확하게 표현하였다. 즉 "방랑적인 환경에서 자라 온 나는 처녀작을 내놓기 훨씬 전부터 방랑 일색으로 모든 작품을 그려 왔지만, 곰곰이 생각해 보면 나에게 인생이란 유전이며 … 흐르고 흘러 임시 거처로 굴러 들어오는 모습을 그릴 때만이 나의 문장이 생생해지는 순간"이었다고 한다.

일본 문학에 여행을 주제로 한 작품이 많은 것은 일본의 경치가 좋아 여행을 많이 하고, 이를 통해 서경적인 작품이 만들어지기 때문만은 아닐 것이다. 그것은 역시 '인생은 곧 나그네 길' 이라는 생각이 일본인의 마음속에 뿌리깊게 박혀 있기 때문일 것이다.

6. '월설화(月雪花)'의 즐거움

불행에 대한 심리적 대책이 앞에서 본 체념형에서 한 걸음 더 나아가면 위안의 모습을 띠게 된다. 이를 대별하자면, 위안을 인간 사회에서 구하는 경우와 자연 속에서 구하는 경우로 양분할 수 있다.

먼저 자연에 의한 위안은 자연 속에서 인생을 간취하는 태도와는 달리, 자연으로 도피함으로써 인간 사회의 불행을 일시적으로 위안받고자 하는 태도이다.

요시다 겐코의 다음과 같은 지적은, 일본인이 자연 속에서 위안을 찾으려는 경향을 단적으로 드러낸다.

"세상만사는 다름아닌 달을 보는 데서 위안을 받게 된다. … 때가 되면 어디 운치 없는 게 있겠는가. … 인적이 드물고 수초(水草)가 깨끗한 데서 어슬렁거릴 뿐, 어디 이보다 더 마음의 위로가 될 일이 있겠는가."

이처럼 '인적이 드문' 자연으로 도피하여 인생의 불행을 위로하는 것은 물론 일본에만 국한되는 게 아니다. 하지만 자연의 풍경을 보며 세속적인 일을 잊는다거나, 혹은 양심을 일깨운다는 인생 교훈이 곁들여진 점은 역시 일본인이 갖고 있는 자연관의 한 특징일 것이다.

가이바라 엣켄이 『樂訓』에서, "여행을 떠나 타향의 명승지, 산수가경(佳境)을 유람하면, 양심이 깨어나 속세의 째째함을 씻어내는 데 도움이 된다"고 한 것은 그 좋은 예의 하나다.

물론 가이바라 엣켄은 어떤 것에서든지 즐거움을 찾아내는 사람이긴 하지만, 여기서 한 걸음 더 나아가 그는 자연으로의 도피를 권유하며 다음과 같이 말하였다. "천지만물의 멋진 경치(景色)를 느끼게 되면 그 즐거움은 끝이 없다. … 즉 산수월화(山水月花)의 주인이 되어 사람들한테 구걸하지 않아도 되며, 돈을 가지고 뭔가를 사지 않는 한 한푼도 들지 않고 … 이 즐거움은 빈천할지라도 얻기가 쉬우며, 훗날의 재앙도 따르지 않는다." 이와 같이 아무리 가난한 사람일지라도 '돈 한푼 들지 않고', '사람들한테 구걸하지 않아도' 얻을 수 있는 즐거움으로서 '천지만물의 멋진 경치'를 관상(觀賞)할 것이라고 추천한 것이다.

니시카와 조켄(西川如見, 1648~1724) 역시 『百姓嚢』에서, 농민의 노고를 위로해 주는 것은 도회지에서 볼 수 없는 아름다운 자연의 풍경이라고 지적하고, "그 어디에고 풍류와 운치가 없는 데는 없겠지만, 황폐해진 집이야말로 달빛이 청명하다"는 노래와 "옥대(玉臺)의 흐린 달, 초가집에 비치는 달빛을 생각할 뿐"이라는 노래를 들어, 이것들은 '시골 농민을 위해 매우 고마운 노래'가 아니냐며 농민을 위한 위로의 말을 설파하였다.

또한 유행가나 나니와부시에는 앞서 살펴본 여행의 테마와 관련하여 자연의 위안을 노래한 것들이 많다.

가령 전쟁에서 져 아카기(赤城) 산으로 도망을 간 구니사다 주지(國定忠治, 1810~1850)는 자신의 불행을 위로하는 유일한 방법으로 자연의 풍경을 다음과 같이 찬미하였다. "아아, 멋진 경치로구

나. 비록 이리저리 흘러다니는 이내 몸일지라도, 사람의 눈을 피해야 하는 이내 마음일지라도, 월설화(月雪花)의 즐거움만은 나의 것이라 생각하면 이 세상에 아직 미련 …."(秩父重剛, 『朧月忠治旅姿』)

이처럼 일본인이 자연을 사랑하는 심정 속에는 인간의 세계를 벗어나, 유일한 '나의 것' 으로서 마음의 휴식을 찾을 수 있는 위안이 내포되어 있다.

7. 위를 보지 말고 아래를 보라

그러나 자연으로의 도피는 어디까지나 마음의 여유가 있는 사람들에게만 허용되는 위안이다. 이에 대해 직접 인간의 세계에서 위안을 얻기 위해서는, 불행한 처지에 있는 게 나만이 아니라든가, 혹은 남들이 더 불행한 처지일 것이라고 생각하면 된다. 이와 같이 나의 처지와 다른 사람의 처지를 비교함으로써 위안을 삼는 방법을 비교위안이라 부르기로 한다.

자기가 불행하다고 생각할 때, 자기보다 더 불행한 다른 사람의 경우를 생각해서 위안을 삼는 비교법을 가이바라 엣켄은 중요한 '심술(心術)' 의 하나로 권장하였다. "내 몸이 불행하여 재난이나 참언을 당하고, 혹은 주군이나 부모, 형제, 친구의 불인무례(不仁無禮)를 만날지라도 그보다 더욱 심한 재앙을 당한 사람을 생각해, 스스로 마음을 달래고 한탄하지 말아야 한다"(『大和俗訓』)고 말하였다.

또한 그는 다른 책에서도 이러한 비교법이 대단히 효과가 좋고, 더구나 '손쉬운 방법' 이기 때문에 군자뿐만 아니라 보통 사람들도 능히 할 수 있다고 말하였다. "만일 자신에게 화가 미치면, 예나 지금이나 그보다 더 비참한 화를 당하는 사람이 많다는 사실에 자신의 불행을 견주어 봄으로써, 자신의 화가 별것 아니며 그리 한탄할 게 아니라는 것을 알게 된다. … 이를 시험해 보건대 효과가 있는 경우가 많고, 따라서 이 계책은 버리기 어렵다" 고 한다.

무사들의 수양서인 『武士訓』에서도, 이러한 비교법은 '불우한 심신' 에 대처하는 심술(心術)의 하나로 이야기할 수 있다. 즉 "예전 사람들이 불행에 처한 경우를 생각해 내거나, 또는 자신보다 밑에 있는 사람들이 여러 우환으로 괴로워하는 사실과 견주어 자신의 마음을 위로해야 한다" 고 말하였다.

또한 서민들은 자신보다 '밑에 있는' 이들이 아닌, 위에 있는 이들의 '노고' 를 감안하여 자신들의 고생쯤은 아무것도 아니라고 생각해야 한다. 하쿠인(白隱)은 『御代の腹鼓』에서 도쿠가와의 지배를 받는 민중들을 향해, "이러한 어르신들의 어려움에 비하면, 인간 축에 들기도 어렵고 등에나 파리만도 못한 신분에 어느 정도의 어려움이 있다 해도, 그건 전혀 문제가 되지 않는다" 고 설교하였다.

이처럼 민중들은 인간 축에도 들지 못하고, 등에나 파리만도 못하기 때문에 그 어떤 어려움도 참아내지 못할 게 없다. 도쿠가와 시대의 농민들이 소나 돼지 취급을 당했다는 사실은 농정가 다나카 규구(田中丘隅, 1662~1729)의 글에도 잘 나타난다. 그 글에서도 농민들은 등에나 파리보다 못한 존재로 비유되며, 따라서 자신들보다 더 하층의 인간은 없는 까닭에 그들은 상층의 인간과 비교하는 것 이외에 달리 비교할 방도가 없었던 셈이다.

또한 니시카와 조켄(西川如見)은 앞서 인용한 『町人嚢』에서, 자신보다 '아래'를 봄으로써 얻을 수 있는 위안에 대해 다음과 같은 노래를 인용하여 설교하였다. "위를 보면 뭔가 바라기만 하는 몸이 되지만, 나만큼도 갖지 못한 사람도 있다."

이 노래는 도쿠가와(德川家康)의 잠언(箴言)으로 알려진 "위를 보지 말고 아래를 보라"를 계승한 것으로, 도쿠가와 시대의 상인들 사이에서 널리 불리었다.

가령 오미(近江)의 상인 후하(不破彌三郞)와 같은 이는 점포의 장부 끝에다 다음과 같은 문구를 적어 놓고 일상의 교훈으로 삼았다 한다. "자신보다 밑에 있는 자를 보며 즐거움으로 삼자. 위를 보면, 돈을 벌기 전에 쓸 생각부터 하게 된다"고 경계하였다. 물론 이것은 자기보다 매우 좋지 않은 처지에 있는 인간을 보며, 거기에서 오는 일종의 우월감을 가지고 위안을 찾는 태도다.

그런데 당시의 농민들은 스스로를 도시의 상인들보다 사회적으로 지위가 낮다고 생각했기 때문에 그들을 부러워하는 마음을 갖기가 쉬운데, 이 점에 대해 『民家分量記』에서는 앞서 말한 비교법을 가지고 다음과 같이 경계하였다. "시골에서 태어나 도시 사람의 품격을 바라지 말지어다. 농민은 몸은 비록 비천할지라도 마음은 그렇지 않으며, 도시 사람은 품격이 좋을지라도 이익을 바탕으로 판단하는 까닭에 마음이 천박하다. 빈천(貧賤)한 집에 태어나 부귀를 부러워하지 말지어다."

농민들에 대해 그들이 정신적으로는 도시의 상인들보다 우위에 있으니, 그것으로 마음의 위안을 삼으라는 것이다. 이러한 자기만족에 의한 위안은 요즈음 수양서에도 등장한다. 가령 도모마쓰(友松円諦)는 "아래를 보면 끝이 없고, 위를 보아도 끝이 없는 법이다. 나 자신은 늘 그 한가운데에 있다. 한가운데에 있는 행운아다. 밑에 있는 자들에게 나는 빚을 지고 있는 것이다"라고 말하였다.

비교법에 의한 위안은 오늘날에도 대중오락의 중요한 요소 중 하나로서 사회적으로 적지 않은 영향을 미쳤다. 이를테면 일본 영화의 '하하모노(母物)'[15]나 나미다모노(涙物: 최루물)의 경우, 많은 여성 관객들이 생각하기에 자신들의 처지와 비슷하거나 혹은 자신들보다도 훨씬 불행한 등장인물을 부각시키고 있다. 이러한 영화는 단지 불행한 주인공에 대한 동정이나 공감뿐만 아니라, 비교에 의한 위안의 요소까지 내포한 까닭에 많은 관객을 불러들이는 것이다. 주부를 주 독자로 한 대중잡지의 소설에서도 역시 여성 주인공의 불행을 소재로 한 작품이 큰 비중을 차지하고 있음은 말할 나위도 없다.

"남의 불행을 자기 처지에 비겨 운다"는 말은 자기 자신만이 불행한 게 아니고, "작품 속의 이 사람도 그렇구나"라고 자신의 불행

15) 영화나 연극 따위에서 모성애를 주제로 한 것.

을 함께 나누어 갖는 것이며, 나아가 여자의 일생에는 대개 불행이 따르는 법이라고 결론을 내림으로써 마음의 위안을 받게 되는 것이다.

"덧없는 세상살이가 어찌 나 하나만이겠는가. 그것이 관례라고 생각하면 위안이 될 것이다." 요시다 겐코가 읊은 이 노래의 마음가짐이 아직까지도 일본의 불행한 여성들을 최루물, '하하모노' 로 향하게 만드는 것이다.

8. 어리석음을 잘 아는 야쿠자일지라도

위안의 비교법 중에서 앞서 본 하쿠인(白隱)과 같이 스스로를 "사람 축에도 들지 못한다"고 생각하는 것은, 실제로 자신의 사회적 지위가 낮다든가 혹은 자신이 가난하다고 여기는, 자기비하의 감정에만 그치는 게 아니다. 거기서 한 걸음 더 나아가, 자신은 버젓이 살 수 없는 음지의 인간이라든가 혹은 어차피 천하에 몹쓸 인간이라고 생각하면, 그 어떤 경우가 닥치더라도 그것을 자신에게 내리는 벌이라 여기고 참아낼 수가 있는 법이다. 이는 스스로 자신을 책망하거나 자신에게 벌을 내림으로써 불행함을 없애 버리려는 마음가짐이라 볼 수 있다.

물론 그에게 실제로 잘못이 있는지 어떤지는 여기서 문제삼지 않을 것이며, 다만 필자가 주장하고 싶은 것은 스스로 그렇게 생각함으로써 스스로를 납득시킨다는 사실이다.

대중적인 문학과 연극, 영화 등에 나오는 야쿠자(일본 깡패)나 마도로스는 대부분 자신들의 불행에 대해 '어차피' 라든가, "될 대로 되라" 와 같은 자포자기의 말로써 그것을 납득하려고 든다. 바로 이러한 자조적인 비장함이 대중들의 관심을 끄는 것이다.

이는 대중들이 갖고 있는 심리의 밑바탕에 '음지인간', '왕따인간' 에 대한 잠재적인 공감과 동정이 깔려 있기 때문이다. 역사적으로도 일본의 대중들은 오늘에 이르기까지 권력이나 지배계급으로부터 따돌림을 당하고, 음지인간 취급을 당해 온 게 사실이다. 그렇기 때문에 '반사회적' 인 인간이나 행위는 권력에 대한 반항의 상징으로서 대중들의 공감을 불러일으키며, 또한 대중들은 그러한 인간의 불행을 동정의 눈으로 바라보게 되는 것이다.

게다가 그 반사회적인 인간 자신은 스스로를 음지인간으로 비하하고, 자기 신상에 일어나는 불행을 당연한 벌로 받아들인다.

이러한 경향은 대중오락물에서 즐겨 사용하는 야쿠자의 심리묘사에 곧잘 나타난다. 이 야쿠자들은 거의 예외없이 자신을 가리켜 '전과자', '바보천치', '반편이' 라 말하는 매우 깊은 자조적 감정을 갖고 있다.

바로 이러한 자조적 감정에서, 불행과 불운에 대해 슬퍼하거나 화를 내는 대신에, 자신을 나무라고 자신의 어리석음에 대해 스스로를 벌하는 자책감이 나온다.

나니와부시에 나오는 예를 하나 들어보자. "자신이 어리석다는 걸 잘 알고 있는 야쿠자일지라도, 어찌하여 난 죄를 짓게 되었는가, 용서해 주오 이 아저씨를, 네가 날 아무리 부른다 해도, 이런 모습으로 어찌 네 앞에 나설 수 있겠는가."(畑喜代司, 『淺太郎月夜』)

야쿠자는 자기 자신을 반사회적인 '왕따인간'이라고 생각하기 때문에, 보통 사람들이 일상생활에서 찾는 행복을 그대로 받아들여서는 안 된다고 스스로 결정해 버린다. 따라서 '인정(人情)'의 기쁨은, 그게 남녀간의 사랑에서 비롯된 것이든 혹은 부모 자식 간의 정을 배경으로 하는 것이든, 야쿠자에게는 분에 넘치는 행복이며, 그는 스스로 불행을 선택한 인간으로서 그것을 감수하지 않으면 안 된다. 특히 '전과자'에게는 인생의 불행을 꾹 참고 견뎌야 하는 깊은 슬픔이 늘 따르게 마련이다.

가령, 야마나시 현 가지카자와(鰍澤)의 구니타로(國太郎)는 어머니와 외아들 야스케(彌助)를 만나러 고향에 돌아오지만, 그 어머니는 "아무리 그렇다 하더라도 귀여운 손자에게 혈육을 나누어 준 아버지가 전과자라고는 말할 수 없다"고 말한다 … "아아 미안, 미안. 딱 한 번만이라도 자식을 보고 싶다는 일념으로, 눈이 뒤집혀 뻔뻔스럽게 기어 들어온 내가 바보천치였다."(畑喜代司, 『新月笛吹川』)

이처럼 혈육의 그리움에 지친 자신의 모습에서 스스로가 '바보천치'였다는 '자책감'이 한층 더 깊어지게 되는 것이다.

이나(伊奈)의 쇼타로(壓太郞) 역시 어머님 얼굴을 "한 번 꼭 보고 싶어, 무심코 돌아온 내가 바보천치였다. 죄를 지어 쫓기는 주제에, 섣불리 부질없는 욕망에 끌려 찾아온 게 잘못이었다"(畑喜代司, 『伊

奈節やくざ』)고 회술하였다.

야쿠자에겐 사랑의 행복도 허용되지 않는 경우가 많다. "역시 야쿠자는 계집에 홀려서는 안 된다. … 오쓰유 씨, 하루빨리 건실한 남편을 만나 … 건강하게 잘살길 바래요. 목숨이 붙어 있어 인연이 되면 또 만날 수 있겠지요."(畑喜代司,『江尻の源太』)

성실한 인간에 대해 야쿠자들의 이러한 열등감은 한편으론 인생의 불행을 감내하는 하나의 심리적인 버팀목이다. 야쿠자의 우두머리로서 오야붕이라 불리는 영웅적 인물 역시 이 점에선 예외가 아니다.

가령 구니사다 주지(國定忠治)와 같은 인물 역시 이러한 자책 의식을 갖고 있는 인간으로 그려진다. "무직으로 세상을 살아가는 야쿠자, 평상시 민폐를 끼치는 백성들의 고충을 모른 체할 순 없었다 하더라도, 천하의 법을 어긴 대죄인(大罪人) 주지(忠治) …" "어차피 우리들에게 따르게 마련인 세키쇼(關所) 무단 돌파[16]의 전과가 문제가 될 때가 반드시 올 것입니다. 쫓기는 몸인 이 주지(忠治)를 … 돌보아 주신 은혜, 게다가 이렇게 돈까지 받으면 이 몸은 벌을 받을 것입니다."(秩父重剛,『人情月の夜▯親』)

이와 같이 죄를 지어 쫓기는 자에게는, 남에게서 호의를 받게 되면 벌이 내린다는 독특한 자책감이 존재한다. 즉 야쿠자들에게는

16) '세키쇼'란 국경이나 요로에 설치하여 통행인을 조사한 관문을 말하며, '무단 돌파'란 통행증 없이 부정한 방법으로 그 관문을 빠져나가는 행위를 말한다.

불행이 너무나도 당연한 것이며, 그것을 참고 견뎌 은혜와 의리로 맺어진 인간관계를 지켜 나가는 게 그들의 도덕률인 것이다.

이러한 대중오락물을 통해 일반 대중들은, 이 자책의 비극을 야쿠자들의 세계에서뿐만 아니라 자신들의 일상생활 속에서도 흔히 일어날 수 있는 사건으로 인식하는 것이다.

소설가 다자이(太宰治)는 야쿠자의 심경과 유사한 현대인의 '음지인간' 의식에 대해 『人間失格』에서 자주 거론하였다. 이 '음지인간' 의식은 불행의 원인을 자신의 '죄악' 탓으로 돌려, 스스로를 점점 더 불행의 나락으로 떨어뜨리는 비극적인 감정이다. "… 나의 불행은 모두 내 자신의 죄악에서 비롯된 것이고 … 나는 도대체 세상에서 말하는 '방자한 놈' 인지, 아니면 그 반대로 기가 너무 약한 것인지 … 나 자신도 그 이유를 잘 모르겠지만, 어쨌든 죄악으로 똘똘 뭉친 것 같기 때문에, 아무리 발버둥쳐도 스스로 점점 불행해 질 뿐, 이를 멈추게 할 아무런 구체적 방법이 없습니다."

본래 다자이의 이러한 자책감은, '깨끗하고 밝고 명랑한 불신의 사례' 들로 가득 찬 '세상의 합법이 오히려 두려워' 진 결과, '반사회적' 인 음지인간의 생활이 오히려 진실한 게 아닌가 하는 의문에서 출발한다.

따라서 다자이의 경우, 자신이 일시적으로 좌익운동에 가담한 것은 '비합법 … 그늘에 숨어 사는 음지인간 … 범인 의식 … 몸에 상처를 가진 자' 에 대한 공감 때문이었다. '좌익운동이 가지고 있는 본래의 목적보다도 그 운동의 기질이 자신에게 맞는 느낌' 이 들었기 때문에 거기에 가담했을 뿐이다. 다자이는 이 '비합법'의 세계에 자신의 몸을 부리고 있는 한 불행이라든가 불운은 너무나도 당연한 것이며, 그런 까닭에 합법 사회의 인간들 사이에서 괴로움을 당하면서 살지 않아도 된다고 생각했던 것이다.

이와 같은 생각은 음지인간이나 소외된 인간생활을 긍정하는 나가이 가후(永井荷風)의 다음과 같은 묘사에서도 찾아볼 수 있다. 즉 "나는 어릴 적부터 근엄한 인간들에게 버려진 몸이었다. 친척 아이들도 내 집 근처에는 얼씬도 하지 않아, 결국 지금은 아무 거리낄 게 없다"(『濹東綺譚』)고 한다.

나가이의 경우 역시 소설 『ひかげの花』의 한 등장인물을 통해 말하듯이, "명예와 품위가 있는 인간들의 생활이 왠지 답답하게, 또 왠지 위선처럼 느껴졌던" 것이다. 그리하여 그는 인간의 진실을, "음지에 살고 있는 여인들이 세상을 숨어 사는 남자들을 대할 때, 무서워하지도 않고 싫어하지도 않으며 반드시 친밀감과 측은함을 느끼는"(『濹東綺譚』) 데서 찾고 있다.

다자이가 앞서 든 『人間失格』에서 음지인간을 가리켜, '황홀할 정도의 착한 마음'을 가질 수 있는 존재라고 한 것은, 불행 속에서만 인간의 진실과 아름다움을 보려는 일본적 불행관과 자책감을 그 누구보다도 잘 표현한 말이다.

일반 대중들은 나니와부시나 유행가를 들으면서 다자이의 경우와 같이 이러한 야쿠자의 심경에 '황홀' 해 하는 것이다.

이상에서 살펴본 것처럼 불행의 심리적 해결에서는 불행한 경우를 어디까지나 수동적인 자세에서 소극적으로 받아들이며, 그 불행한 경우 자체에 대해 적극적인 가치를 인정하지 않는다. 이에 대해 적극적인 심리적 해결에서는 불행에서 무언가 가치를 발견하여 그것을 합리화하려는 시도가 보인다. 이는, 불행이 실은 불행이 아니고 오히려 좋은 것이며 나아가 행복이라는 역설적인 사고에 기초한다.

이 적극적인 해결법으로는 다음과 같은 두 가지를 들 수 있다. 하나는 불행이 수양이나 봉사를 하기 위해 주어진 좋은 기회라는 생각이다. 다른 하나는 앞서 말한 행복위험론이나 행복무상론과 관련된 것으로, 불행이 행복보다 오히려 안전하며 역경이 순경(順境)보다 더 좋다는 생각이다. 이 후자의 생각이 더 진전되면, 모든 일은 불완전하고 불충분한 것이 바람직하며, 혹은 아름답다고 보는 일본의 독특한 불완전주의 도덕론이나 예술관을 낳게 되는 것이다.

9. 괴로움이 저절로 즐거움이 된다

물질적으로 혜택받지 못한 상태가 오히려 수양에는 적당하다. 예전부터 일본에서는 이러한 청빈주의(淸貧主義)를 자주 설파하였다. 그 대표적인 예로 가이바라 엣켄의 『樂訓』에서는, "빈천한 자는 게으름이 적어 깨닫기 쉽다. 부귀한 자는 세상의 부질없는 일들에

미혹되어, 책을 읽고 도(道)를 즐길 줄 모른다. 그렇다면 부귀하다는 게 오히려 불행이라 말하지 않으면 안 된다"고 한다.

그는 이러한 청빈주의로부터 모든 불행한 상태가 오히려 행복이라는 역설에 도달하게 된다. "순경에 처하기는 쉽고 역경에 처하기는 어렵다. 그런 까닭에 역경에 처해 있으면 경외감이 생겨, 신변의 화(禍)를 적게 하여 오히려 복이 된다."

이는 청빈주의보다 더 적극적인 불행에 대한 대책이라 할 수 있다. 하지만 역경에 처하는 게 수양에 도움이 된다면, 역경을 이겨내기 위한 노력은 어찌 되는 것일까? 그러니까 이 역경행복론(逆境幸福論)은 어디까지나 영원히 불행으로부터 벗어날 수 없는 사람들을 위한 교훈인 것이다.

그렇기 때문에 외모가 아름답지 않은 것은 불행이 아니고, 그로 인해 타락의 위험성을 미연에 방지할 수 있으니, 그게 오히려 행복한 조건이라는 생각도 할 수가 있다. 가령 미우라 바이엔(三浦梅園, 1723~1789) 같은 철학자는 "사람의 모습은 하늘로부터 부여받은 것이긴 하지만, 남녀의 외모가 아름다우면 집적거리는 자가 많다. 집적거리는 자가 많으면 절개를 잃는 경우가 많다. 외모가 추하면 집적거리는 자가 적고, 집적거리는 자가 적으면 절개를 잃을 기회가 적다"(『梅園叢書』)고 한다.

괴로운 생활을 영위하는 농민들은 사회에 봉사하는 것이며, 따라서 천하의 보물이라는 니시카와 조켄(西川如見)의 주장 역시 위에서 본 역경행복설에 가깝다. 그는 '부유한 도시 상인'의 죄를 나

열한 다음에, "'가난은 세상의 복신(福神)' 이란 말이 있다. 밭을 갈고, 집을 짓고, 고기를 잡고, 배를 타고, 물을 긷고, 장작을 패는 것, 이 모든 게 가난한 사람들의 일로 천하의 보물이다. 이보다 더 위대한 복신은 없다"고 한다.

뿐만 아니라 농민의 고통은 그것을 참노라면 오히려 낙이 된다고도 한다. 이를테면 "대개 백성들은 … 벼와 보리, 과일이 잘 자라 익어 가는 모습을 보게 되는데, 이는 꽃이나 단풍을 보는 것보다 나아, 그들은 아름다운 마음을 늘 즐기게 된다. 모든 인간 세계의 즐거움은 괴로움 안에 존재한다. 괴로움을 싫어하게 되면 더욱더 고통이 늘어, 괴로움은 결국 인간에게 상주(常住)하게 된다. 괴로움을 인간 세계의 과객(過客)이라 여겨 괴로움을 버리려 들지 말고 즐거움을 찾으려 하지 않으면, 괴로움은 저절로 즐거움이 된다." (『百姓囊』)

이와 같이 니시카와 조켄은 역경행복론에서 한 걸음 더 나아가 '괴로움은 즐거움' 이라는 역설에 도달한다. 이것은 '노동의 기쁨'을 주장한 것이 아니라, 그보다 좀더 철학적으로 괴로움이 "인간에게 상주한다"고 보는 고락일치(苦樂一致) 설이다. 그는 농민의 행복을 설파하면서, "인간에게 괴로움이 상주한다면 그 괴로움을 괴로움이라 여기지 말 것이다. 사람이 어머니 뱃속에서 나와 제일 먼저 하는 게 우는 것이다. 운다는 것은 괴롭다는 것과 다르지 않다. 웃는 것은 며칠 지나야 비로소 가능한 법이다. 그러므로 인간은 괴로움이 먼저이고 즐거움은 그 나중이다. 이게 자연의 도리가 아니겠는가. 이 괴로움은 천자의 경우에도 따르게 마련이다. 하물며 백성들이야 오죽하겠는가. 이 이치를 한마디로 이르건대, 괴로움과 즐거움에는 거리가 없다"고 하고, 앞서 인용한 "모든 인간 세계의 즐거움은 괴로움 안에 존재한다"는 결론에 이른다.

오늘날에도 역경이 수양을 위해 좋다는 논법은 여러 수양서에 나타난다. 예를 들면 "괴로운 이는 행복하다. 인생의 심오함, 세상의 쓰고 단맛을 알게 되기 때문이다. 물자(物資)가 궁핍하면 할수록 의식(衣食)에 대해 깊게 생각해 볼 수 있다"(『報ゆる心』)와 같은 것이다. 여기서 괴로움이 수양을 위한 것이라 해도 그것을 영원히 참고만 있는 것이 아니라, 그 속에서 미래에 대한 희망을 예상하는 만큼, 역경행복론은 어떤 적극적인 것을 포함한다. 역경행복론은 그런 의미에서는 입신출세주의라든가 성공주의와 통하는 면이 있다.

그러나 일본의 성공주의가 미국의 성공주의와 같은 것은 아니다. 즉 미국의 경우처럼 위를 보며 경쟁심을 갖는 것이 아니라, 위를 보지 않고 현재의 처지에서 고생하고 있노라면 성공의 싹이 튼다는 사고다. 가령 도큐주쓰(淘宮術)에서는, 도쿠가와 이에야스가 일찍이 세상을 살아가는 비결로 삼았던 "커다란 흑두건을 쓰고 위를 보지 않고 열심히 일하는 게 제일"이라는 구절을 인용하여 다음과 같이 풀이하였다. 즉 "옳거니, 큰 흑두건을 쓰고 있으면 위는 보이지 않는다. 위가 보이지 않으면 부러워하는 마음은 생기지 않을 것이며, 부러워하는 마음이 없으면 한눈을 팔지 않고 열심히 주어진 일을 하게 되는 것"이라 한다.

10. 안분지족(安分知足)

위와 같은 불행에 대한 심리적 해결이 한 걸음 더 나아가게 되면 불행이나 부족한 상황에 대해 만족하는 것, 즉 지족(知足)의 상태 그 자체가 안락이라는 지족안락주의(知足安樂主義)가 된다. 그러니까 족함을 아는 것을 하나의 수양으로서 받아들이는 것이 아니라, 그 경지 자체를 적극적으로 즐길 수 있다는 것이다. 이 단계에까지 이르게 되면, 그 심리 상태는 자기를 학대함으로써 쾌감을 느끼는 마조히즘에 가까운 것이다. 말하자면 일본적 마조히즘이라고도 할 수 있다.

가모노 조메이가 『方丈記』에서 "자신을 알고 세상을 알게 되면 바라지도 않고 서두르지도 않는다. 다만 조용해지는 것을 바랄 뿐이고 아무런 근심이 없음을 즐길 뿐이다"라고 지적한 것이 바로 이 지족안락주의라고 할 수 있다.

요시다 겐코의 『徒然草』에서도 지족의 즐거움에 대해, "사람은 스스로를 간소하게 하여 사치스러움을 물리치고 재물을 갖지 않음으로써 세상을 탐하려고 하지 않는 게 훌륭한 것이다. 예로부터 현명한 인간이 재물을 많이 갖는 경우는 드물다"고 했다.

게다가 세상을 피해 은둔생활을 하면 저절로 지족의 경지에 도달한다는 것이다. "실로 한번 이 길로 접어들어 세상이 싫어진 사람, 비록 바람이 있을지라도 권세가의 탐욕을 닮아서는 안 된다. 구하는 바가 적으면 그만큼 그 마음은 빨리 채워지는 법이다."

즉 바라는 바나 탐을 내는 바가 적으면 만족도 손쉽게 얻을 수 있다는 것이다. 그러니까 지족안분의 경지는 결코 금욕적인 것이 아니고, 오히려 욕구의 대상이나 분량을 스스로 미리 제한하여 만족에 도달하기 쉽게 하는 심술(心術)인 셈이다. 다시 말하면 지금 자기 마음속에서 일어나는 욕구를 억제하는 것이 아니라, 그 욕구나 유혹의 원인이 되는 것을 가능한 한 줄일 수 있도록 자기 스스로 그러한 환경을 만드는 것이다. 따라서 이 경우, "대은자(大隱者)는 장터에 은둔한다"든지 '장터의 은자'라는 말처럼, 읍내 한가운데서 모든 유혹에 둘러싸여 있으면서도 만족함을 안다, 이러한 경지의 자신감은 없는 것이다. 결국 위의 요시다 겐코의 언설(言說)은 욕구를 억제하는 의지의 박약함에서 나오는 일종의 심리적 예방법이며, 바로 여기에 그의 속물성(俗物性)이 잘 나타난다.

가모노 조메이의 경우 역시 이와 비슷한 심경이다. 실제로 그는 결코 고행이나 수행 때문에 세상을 피한 게 아니고 오히려 번뇌로 가득 찬 속세, 위험한 인생으로부터 도피하여 안락을 얻으려고 하였던 것이다. 그런 의미에서 그도 소극적이기는 하나 역시 일종의 쾌락주의자였다고 할 수 있다.

그 증거로 가모노 조메이는 『방장기(方丈記)』의 말미에서 다음과 같이 말하였다. "부처님의 가르침은 세상만사에 집착하는 마음이 없어야 한다는 것이다. 이에 비추어 본다면, 가령 초암(草庵)을 사랑하는 것도 잘못이다. 또한 한적하게 이런 글을 쓰는 것도 집착하지 않는 마음에는 방해가 될 것이다. 어찌 별 볼일 없는 세속적 즐거움을 지껄여대면서 이 아까운 시간을 보내겠는가."

이처럼 요시다 겐코나 가모노 조메이는 속세의 교제라든가 가족생활에서 도피하여 혼자만의 안락을 얻을 수가 있었다. 그러나 일반 민중들은 예전부터 유혹으로 가득 찬 '장터 한가운데' 있으면서도, "족함을 알라"고 가르침을 받으며 그 실천을 강요당해 왔던 것이다.

앞서 인용한 가이바라 엣켄이 "제 분수를 지키며 만족함을 안다면 빈천하더라도 즐겁다"고 설파하는 대목 역시, 단지 마음을 어떻게 먹느냐에 따라 가난하더라도 즐거움이 있을 수도 있고, 거꾸로 물질적으로 풍족하더라도 즐거움이 없을 수도 있다는 것을 지적하는 데 불과하다. 여기서 '즐거움'이란 "걱정이 없다"는 것으로, 적극적인 쾌락을 뜻하는 게 아니다. 어디까지나 소극적인 '안심'에 불과한 것이 일본적인 '안락'의 의미다.

이러한 소극적인 지족안락은 무사들 사이에서도 하나의 처세술로 인식되었다. 막부 말기에 편찬된 『肝要工夫錄』의 다음과 같은 노래가 그것을 잘 보여 준다. "위를 보지 말고 / 제 분수를 지키며 / 산다면 / 사농공상(士農工商) / 모두가 안락", "무슨 일이든 / 족함을 알고 / 평생 인내심이 강한 / 인간은 안락", 그리하여 "제 분수를 알아 / 만사 참는 게 처세의 요체"였던 것이다.

이와 비슷한 사상은 상인들의 분수론(分數論)에도 보인다. 가령 니시카와 조켄(西川如見)은 『町人囊』에서, 상인은 "밑에 있음으로 해서 위를 능가하지 않고, 남이 위세가 있음을 부러워하지 않으며,

간략 소탈함을 지켜 제 분수에 만족한다. 소는 소끼리 말은 말끼리 어울리는 것을 즐거움이라 생각하면, 일생의 즐거움이 다할 바를 모른다"고 안분지족의 안락함을 설파하고 있다.

또한 그는 농민의 경우, 상인과는 다른 형태로 안락이 존재한다는 점을 다음과 같이 말한다. "상인은 갑작스레 부자가 되는 경우가 많기에 갑작스레 잃어버리는 경우 역시 많다. 농민은 갑작스레 부자가 되는 경우가 적기에 또한 갑작스레 잃어버리는 경우가 적다. 그 어느쪽이나 족함을 알아 각자가 자기 분수에 맞게 편안히 지내면 즐거움에 끝이 없을 것이다."

'갑작스레 잃어버릴' 것에 대해 걱정할 필요가 없다. 농민에게는 이러한 소극적인 안락이 존재한다고 니시카와 조켄은 주장한다. 뿐만 아니라 그는 앞서 언급한 고락일치론의 입장에서, 천자마저도 고통이 있는데 하물며 아랫것들에게 고통이 따르는 것은 너무나도 당연하다고 주장한다. "아무튼 농민으로 태어난 것을 행복이라 여기고, 다른 데로 마음을 쓰지 않고 제 분수를 즐긴다면 이보다 더 즐거운 것은 없을 것이다. 괴로움이 인간에게 따르게 마련이라면 그것을 괴로움이라 생각지 말라. … 그 괴로움은 천자의 경우 역시 마찬가지다. 하물며 사농공상 사민(四民)의 경우는 말할 나위도 없다. 이 이치를 깨닫게 될 때는 괴로움과 즐거움에 차이가 없다."

이처럼 니시카와 조켄은 사농공상의 각 계층에 맞는 안락을 어떻게든 찾아보려고 이리저리 궁리하였다. 그 점에서 그의 지족안락론(知足安樂論)은 가이바라 엣켄과 기타 도학자(道學者)들의 설교와는 달리 내용이 구체적이다.

하지만 그 어떤 경우에도 지족의 결과 일신의 안락을 얻을 수 있다고 한 점에서는 일치한다. 이러한 관점은 물론 일종의 쾌락주의이며, 그런 의미에서 앞서 언급한 불행의 소극적인 해결법과는 질적으로 다른 적극성을 지니고 있다. 이에 관해서는 가이바라 엣켄 역시 『養生訓』에서, "즐거움은 사람이 태어날 때부터 가지는 천지(天地)의 생리다. … 즐거움을 잃지 않음은 양생의 근본"이라 말하였다.

가이바라 엣켄은 마음을 '몸의 주인'이라 생각하고, 또한 마음을 "진정시켜 편안하게 해야 한다. 몸은 마음을 섬기는 노비다. 그것을 움직여 일을 하게끔 해야 한다"고 하여 마음의 안락을 주로 지적하였다. 하지만 그는 이와 함께 "대체로 사람들이 즐겨야만 하는" 세 가지 낙으로 ① "선(善)을 즐긴다", ② "몸에 병이 들지 않게 하여 흔쾌히 즐긴다", ③ "목숨을 길게 하여 오래도록 즐긴다"는 '삼락(三樂)'을 또한 들었다. 그런 까닭에 그가 말하는 안락이란 정신적인 즐거움만을 지칭하는 게 아니며, 쾌락을 수양의 목적이라 본 점에서는 그의 견해 또한 쾌락주의라 할 수 있다. 가이바라 엣켄의 경우뿐만 아니라 일본의 수양서에는 도덕의 수행이나 혹은 봉공(奉公)과 같은 행위가 건강을 위해 좋다거나 위생적이라는 주장이 여기저기 보인다. 후술하는 육체주의와 같은 사고를 적지 않게 볼 수 있다.

가령 『澁谷隱岐守筆記』라는 책에는, 무사가 봉공을 하며 그 자신이 처한 경우에 만족한다면 오래 살 수 있다고 적혀 있다. "주군의 은혜에 보답하기 위해 봉공하는 자는 그다지 입신(立身)하지 못할지라도 조금도 부족한 마음이 없으며 남에 대해 한을 품는 일도 없다. 저절로 천리(天理)에 부합되는 까닭에 명이 길고 마음도 편안할 것이다."

보은의 마음자세를 가지고 지족의 심경으로 있는 것, 그러한 상태가 건강에 좋다는 점이 위와 같이 강조된다. 무사도의 도학적 측면이 아닌 실제적 측면이 여기에서도 잘 드러난다. 아무튼 지족안락론은, '안락의 전수도 그저 족함을 아는 데까지' 라든가, '밥과 국과 목면 옷은 몸에 도움이 되지만 그 나머지 것들은 나를 괴롭힐 뿐' 이라는 도쿠가와 시대의 교훈가로부터 현대 도큐주쓰(淘宮術)의 다음과 같은 설교, 즉 "하늘은 두 가지를 한꺼번에 부여하지 않는 까닭에 인간 역시 부족함을 말해서는 안 된다. 만물 그 어느 경우에도 하나 정도는 결여되어 있어 부족함이 있기 때문이다"에 이르기까지, 그 입론의 수단과 내용을 바꿔 가면서 일본의 민중들에게 줄곧 주입되었다.

오늘날에도 지족안락의 사고는 입장을 달리하는 여러 사람들에 의해 다양하게 해석되어 활용된다. 가령 야쿠자 집단 오즈구미(尾津組)를 만든 오즈(尾津喜之助)는 감옥의 독방에서 '몇 년이 지나도 부자유를 느끼지 않았던' 경험을 통해 다음과 같이 깨달았다고 한다. "'족함을 알고 분수에 만족한다.' 이 '안분지족'의 간소한 생활을 실제생활에서 실행할 수 있었다면, 필시 안심했던 그날 그날이

뒤처졌을 것이다. 생활고도 없을 뿐만 아니라 지진이나 화재에 대해서도 두려워할 필요가 없다. 그저 제 몸뚱이 하나 피하기만 하면 되는 것이다."(『新やくざ物語』)

옥중생활뿐만 아니라 인간의 일상생활에서도, 자신의 주변에 최소한의 물품만 있으면 '만사형통'이기 때문에 오히려 그러는 게 속 편하다는 생각은 일본인이 오랜 궁핍생활에서 얻은 하나의 신념이다. 전시에는 말할 것도 없고 평화시에도 민중은 언제 비상국면으로 떨어질까 불안에 휩싸여 있다. 일본어로 '미가루(身輕)'한 상태, 즉 몸이 홀가분하다는 것은 "분수에 만족한다"거나 혹은 사치하지 않고 검약하기 위해서 필요하다고 생각한다. 뿐만 아니라 그것은, 만일 참혹한 경우를 만났을 때 '잃을 게 아무것도 없는' 것이 오히려 안심이다라는 자기만족의 심리 때문에도 그 억지스러움은 느껴진다. 다음과 같은 불교 냄새가 나는 수양서의 한 구절은 민중의 이러한 심리를 이용하고 있다. "그렇다면 곤고(困苦)와 결핍을 버텨내 검소와 간소한 생활을 할 수 있도록 마음을 먹고, 가능한 한 생계를 위해 골똘히 애태우지 않아도 될 정도로 수행할 필요가 있다." 여기서도 역시 불행에 대한 심리적 면역으로서 지족의 마음가짐을 추천하였다.

이와 마찬가지로 도큐주쓰(淘宮術)에서도 지족사상을 권장한 아호다라쿄(阿絢陀羅經)[17] 식의 노래가 불리는데, 그 내용을 보면 우

17) 불경의 훈독(訓讀)을 본떠서 세태를 풍자한 우스꽝스러운 속요(俗謠).

스꽝스러우면서도 왠지 좀 씁쓸하다. "집을 갖고 싶으면 (남의 집에) 손님으로 가거라 / 정원을 갖고 싶으면 소풍을 가거라 / 산이건 바다건 강이건 언덕이건 / (그것들을) 보는 동안은 네 것이 아니겠는가 / 드넓은 세계에 자그마한 뱃심으로는 / 삶의 보람이 없다 / 다다미 한 장 정도의 잠자리가 있다면 / 그걸로 좋은 게 아니겠는가 / 제 분수를 안다면 / 즐거운 게 아니겠는가."

11. 사랑 중의 사랑은 시노부코이(忍戀)

지족안락의 사상에서 한 걸음 더 나아가면, 모든 세상만사의 부족함 그 자체에서 가치를 찾는 '부족주의'의 심리가 생겨난다. 이는 불충분, 불만족이 충분, 만족보다 높은 가치를 지닌다고 보는 태도로, 일본인의 독특한 심리라 할 수 있다.

이 부족주의가 일본인의 사상으로서 언제부터 어떤 과정을 거쳐 만들어졌는지에 대해서는 여러 견해가 있을 수 있겠지만, 그것이 지금까지 살펴본 일본적 무상관이나 지족사상과 밀접한 관련이 있음은 새삼스레 지적할 필요도 없다.

그런데 이 부족주의에 대해 제일 먼저 분명한 형태로 언급한 이는 역시 요시다 겐코일 것이다. 과연 "꽃은 활짝 핀 상태에서 보아야 하고, 달은 보름달일 때 보아야 하는가"로 시작되는 저 유명한 대목에서 언급했듯이, 세상만사를 그 완전한 모습에서 포착하여 즐기려는 게 아니고, 부족하고 불완전한 점에서 '볼 만한 대목'을 찾는다는 것은 도대체 어떠한 것일까? 그것은 결국 완전함에 대한 기대가 부질없다는 사실을 깨닫는 데서 비롯된다. "보름달의 둥그런 모습은 그리 오래 가지 않고 이내 일그러진다"는 요시다 겐코의 말이나 '차면 기우는 게 세상의 이치' 혹은 '만남은 헤어짐의 시작'과 같은 말로 표현되는 무상관은, 완전한 것도 결국은 영원하지 않고 덧없는 것이란 사실을 우리에게 가르쳐 준다. 완전함을 기대했는데 그게 빗나가 절망하기보다는 오히려 불완전함에 길들여져 부족함 속에서 만족을 찾게 된다면 절망을 피할 수 있다.

부족 혹은 완전의 결핍에 대해 심리적인 면역을 만들어 놓으면, 이 변화무쌍한 인생에서 비상시에 낙담하거나 절망하지 않아도 되기 때문이다. 이는 앞서 언급한 '불행에 대한 면역'이 더욱 확대된 모습이라 할 수 있다.

연애도 그렇다. "남녀의 정 역시 그저 만나기만 한다고 생기는 것이 아니다. 만나지 못해 근심과 그리움이 쌓이고, 지켜지지 않은 약속을 원망하고, 멀리 떨어진 님을 생각하며 기나긴 밤을 홀로 지새고, 잡초 무성한 초가삼간에서 다정다감했던 그 옛날을 그리워하는 것이야말로 진정한 사랑이라 할 수 있지 않은가?"

이러한 인식의 기초 위에서 요시다 겐코는 연애의 완성이랄 수 있는 결혼에 대해서는 반대한다. "마누라야말로 남자가 가져서는 안 되는 것이다. … 아무리 좋은 계집일지라도 아침 저녁으로 보고 있노라면 달갑지가 않고 미운 법이다. 계집을 위해서라도 반쯤은

집을 비워 두는 게 좋다. 다른 곳에 살면서 때때로 방문하여 잠시 머무는 것이야말로 세월이 흘러도 변치 않는 사이를 유지하는 길이 아니겠는가."

요컨대 모든 것을 믿지 않고 미리 기대하지 않는다. 바로 이러한 마음가짐과 태도가 요시다 겐코가 말하는 불완전주의의 배후에 존재한다. 그렇기 때문에 그는 "만사 의지해서는 안 된다. 어리석은 인간은 뭔가를 많이 의지하고 부탁하는 까닭에 앙심을 품거나 분노할 일이 생긴다. … 자신에게도 또한 남에게도 의지하지 않는다면 좋을 때 기뻐하고 좋지 않을 때 원망하지 않게 된다." 그리하여 만사에 대해 기대를 걸지 않는다, 이런 마음가짐을 가질 수 있는 것은 인생을 무상하다고 체념하기 때문에 가능하다. "임종은 어떤 형편이나 순서를 기다려 주지 않는다. 죽음은 결코 앞에서부터 오는 게 아니고 이미 전부터 뒤에 바짝 다가와 있는 것이다. 인간은 모두 죽는다는 것을 알고 있으며, 죽음이 언제 오나 기다리다가 잊을 만하면 찾아온다. 썰물이 밀려간 아득한 개펄에 마치 밀물이 차오는 것과 같다." "자신의 몸을 수양하고 뭔가를 기다린다. 기약하는 것은 다만 늙음과 죽음일 뿐이고, 그 찾아오는 속도가 너무나도 빠르다."

이처럼 인간은 예고 없이 '뒤에 바짝 다가온' 죽음에 의해 생명을 빼앗기는 것이다.

앞쪽에서 늘 엄습해 오는 공포가 아니고, 뒷쪽 어둠 속에서 언제 찾아올지 모를 공포와 불안을 이겨내기 위한 유일한 방법은 늘 삶보다도 죽음을 생각하고 행복보다는 불행을 예기(豫期)하며, 또한 완전함과 충분함보다는 불완전함과 부족함을 예상하는 것이다. 부족주의의 심리적 근거가 바로 여기에 있다.

그리고 "화장터에 발길이 끊이지 않고, 그곳 연기가 오름으로써 인간의 생이 끝나는 것이라면 그게 어찌 운치 있지 않겠는가. 이 세상은 영원하지 않은 까닭에 멋진 게 아닌가"라고 하듯이 세상살이의 덧없음, 불완전함이 '멋진' 것이라면 바로 그러한 인식에서 부족 속에서 아름다움을 찾으려는 태도가 나오게 된다. 이것이 요시다 겐코가 추구한 부족주의의 도달점이다. 그는 부족, 불완전 속에 아름다움의 본질이 있다는 점을 다음과 같이 설파했다. "… 돈나(頓阿)[18]가 '얇게 짠 비단 옷감은 위아래가 어긋날 때가 아름답고, 나전으로 만든 족자는 조개가 떨어지고 난 연후에 비로소 멋지다' 고 말씀하는데, 매우 지당하다고 생각한다. 또한 고유 소즈(弘融僧都)가 '사물을 제대로 갖추려 하는 것은 서투르고 변변찮은 이들이 하는 짓이다. 제대로 갖춰지지 않은 불구(不具)의 상태가 멋진 것' 이라 한 것도 좋은 말씀이라 생각한다. 모든 세상만사, 제대로 갖추고자 함은 좋은 게 아니다."

부족주의의 미학은 물론 요시다 겐코의 전유물이 아니다. 이 미학사상의 계통에 속하는 유겐(幽玄), 와비(わび), 사비(さび) 등에 대해서는 오늘날 연구자들에 의해 일본 예술사의 커다란 전통으로서

18) 요시다 겐코 등과 함께 와카(和歌) 사천왕(四天王) 중 하나로 불린 남북조시대의 승려.

많은 연구 성과가 발표되고 있다. 여기서 특별히 겐코를 거론한 까닭은 그의 논의가 부족주의의 심리적 근거를 가장 분명히 제시하고 있다고 생각되었기 때문이다.

일본 중세의 가인(歌人) 세이간 쇼테쓰(淸巖政徹, 1381~1459)는 『政徹物語』라는 가론서(歌論書)에서, 요시다 겐코의 부족주의가 인간이 공통적으로 가지고 태어나는 생득적(生得的) 심리임을 다음과 같이 지적하였다. 즉 과연 "꽃은 활짝 핀 상태에서 보아야 하고, 달은 보름달만을 보아야 하는 것일까? 물론 '아니다' 라고 요시다 겐코가 지적했는데, 이 같은 생각을 가진 사람이 세상에 그이 한 사람만이 아니다. 그러한 마음은 생득적으로 존재하는 것"이라 한다.

또한 세이간 쇼테쓰는 유겐(幽玄)을 가리켜 "표박(飄泊)하여 뭐라 말할 수 없는 데가 있는" 것, 혹은 "마음과 뜻은 있지만 확실히 말해 버릴 수 없는" 상태에 비유하여, 따라서 그것은 "하고 싶은 말을 다하지 못하고 뭔가 남겨 놓은 모습이긴 하지만, 그것으로 인해 노래는 좋아진다"(『中世歌論集』)고 한다.

이 경우 '뭐라 말할 수 없는' 것, '하고 싶은 말을 다하지 못하고 남겨 놓은' 것은 노랫말의 외부에 존재하며, 작자의 마음속에 존재한다. 말하고 싶은 것을 모두 다 말하지 않고 남겨 놓는 부족주의의 미를 여기서 보게 되는 것이다. 또한 "유겐은 마음속에 존재하며 말로 표현할 수 없는 것"이며, "어딘가 재미있다고도 묘하다고도 말할 수 없는 것"이라 한다. 그러니까 뭐든지 분명하고 충분하게 감각에 호소하는 것이 아니고, 몽롱함 속에 뒤섞인 상태에서 아름다움을 느끼는 것이다. 이 부족주의의 미는 또한 일본 예술의 특징인 간접 표현, 불확정의 미와도 통하는 요소가 있다.

이처럼 부족주의는 유겐이라는 미의 관념과 연결되지만, 한편으론 요시다 겐코가 지적한 바와 같이 연애감정의 충분한 만족과는 반대로, 자신의 마음을 억제한 '이루어질 수 없는 사랑' 이나 '참고 견뎌야만 하는 그리움' 의 가치를 높이 보는 심리적 전통을 창출했다. 이러한 부족주의의 감정 억제는 앞서 언급한 일본인의 불행관과 함께 일본적 마조히즘의 원천이 되었다.

또한 앞에서도 언급한 렌가(連歌)의 소기(宗祇) 등은 억제된 연애감정의 노래를 즐겨 읊고, 또한 『古今集』의 평석(評釋)에서 그런 취향의 노래를 "그리움이 간절하다", "가련하다" 등으로 형용하여 높이 평가하였다.

이처럼 감정은 억제할수록 순수해지고 또한 강해진다는 게 일본적 감정설로서, 이것은 감정의 자유로운 표현에 의해 그 순수함과 강렬함을 단련하려는 르네상스 이후의 서구와는 정반대의 입장이라고 볼 수 있다.

즉 감정은 억제하면 할수록 점차 그 잠재 에너지가 증가되어 간다는 게 일본류의 감정설이라면, 감정은 억제될 때마다 빈약해지고 고갈되어 간다는 게 근대 서양의 감정설이라 할 수 있다. 일본의 노(能)[19]를 통해 알 수 있듯이 감정을 밖으로 드러내는 것을 가

19) 일본의 가면악극(假面樂劇).

능한 억제하여 감정의 내부적인 고조(高調)를 표현하려는 것, 바로 그것이 일본 전통 예술의 심리적 요소의 하나다.

억제된 연애감정의 아름다움은 도쿠가와 시대의 문학사상에서도 높이 평가된다. 가령 하이진(俳人) 모리카와 교로쿠(森川許六, 1656~1715)는 『飮食色慾の箴』이라는 하이분(俳文)[20]에서 다음과 같이 말하였다. "연애는 생각대로 되지 않는 게 숙명이라 할 수 있다. 만나지 못함을 탓하고, (또한 만났을 때는) 아침을 알리는 닭의 울음을 원망하고. 마쓰요이(待宵)의 종소리[21]에 연정(戀情)을 맡긴다."

이처럼 시노부코이(忍戀), 즉 참고 견디는 사랑의 순수함을 예로 든 일본적 감정설은 무사의 봉공정신과 결부되어 논의되기도 한다. 가령 『葉隱』에서는 봉공 역시 시노부코이와 마찬가지로 주군이 알아채지 못하게 정성을 다 바쳐 행하는 게 최고라고 한다.

이를테면 "사랑 중의 사랑은 시노부코이(忍戀)라고 본다. 일단 정을 나누고 나면 사랑의 품격이 낮아진다. 일생을 참고 견디며 그리움으로 죽는 것이야말로 사랑의 참뜻이 아니겠는가. 어떤 노래에, 사랑이 끝난 후에 화장터 연기를 보면 그건 바로 재로 변한 내 모습임을 알라고 한다. 이처럼 끝내 입 밖으로 내지 않는 마음속

---

20) 하이쿠(排句)의 맛이 풍기는 간결한 산문(散文).

21) 마쓰요이(待宵), 즉 그리운 사람이 오는 걸 기다리던 밤에 그 사람은 오지 않고 날이 밝았음을 알리는 종소리.

그리움이야말로 품격 높은 사랑이다"라고 적혀 있다. 여기에 보이는 시노부코이(忍戀)와 같은 마음가짐은 '만사를 행하는 데 두루 갖추어야 할 마음가짐'으로, '주종관계는 이로써 쉽게 해결되는' 것이다. 즉 '사랑에 내재된 정성어린 마음씨와 같은' 것으로, "상대가 정 없이 굴어 마음이 괴로우면 괴로울수록 그리움이 더해 간다. 그리하여 우연히 상대와 정을 나누게 되면 자신의 목숨까지도 버릴 마음이 생긴다. … 평생 좋아한다는 말 한마디도 못하고 그리움으로 죽어 가는 그런 심정일 것이다. 또한 나중에 우연히 만나 정을 나누게 되면 잠시 기쁘겠지만, 설령 그가 날 좋아하지 않는다는 것을 알게 될지라도 더욱더 그리움이 깊어만 간다. 군신(君臣)관계가 이러한 것이어야만 한다. 봉공(奉公)의 큰 뜻은 이로써 모두 납득이 된다"고 한다.

이처럼 시노부코이의 심정 혹은 이루어질 수 없는 사랑의 심정이 봉공의 마음가짐이라면, 주군의 은혜를 입고 주군의 인격에 마음이 기울어져 충의(忠義)를 다하는 것은 아직 진정한 의미의 봉공이라고 볼 수 없다.

"부모와 주인은 이치에 맞지 않는 무리(無理)한 존재라고 생각하라." 이런 속담이 있듯이 주군의 무리, 무법을 꾹 참고 견뎌 아무런 거스름도 없이 주군을 따르는 게 진정한 의미의 봉공이다. 마치 버릇없는 연인의 정나미 떨어지는 처사에 대해서도 참고 견디는 게 이루어질 수 없는 사랑의 '참뜻'인 것처럼. 『葉隱』에서는 이 점을 다음과 같이 지적하였다. "주인으로부터 친절하고 공손한 대접을 받았을 때 하는 봉공은 봉공이 아니다. 비참하고 무리한 대접을 받았을 때 하는 봉공이 진짜 봉공이라고 생각한다."

이처럼 부족주의의 심리는 학대 속에서 자신의 만족을 발견한다는 점에서 역시 일종의 일본적 마조히즘이다. 무사도의 수행은 결국 이러한 학대라든가 은인자중 속에서 만족감, 쾌감을 발견하는 마조히즘의 양성을 목표로 한 것이라고 볼 수는 없을까?

또한 무사도는 "주군에 대해서는 비밀리에 하는 봉공이 진짜 봉공"이라 『葉隱』에서 말하듯이, 남의 눈에 띄지 않고 주군의 횡포를 "은혜로 보답하고, 게다가 음덕(陰德)을 명심하여 겉으로 드러나게 보답하지 않는" 마음가짐이다.

이번 전쟁중에도 앞의 '비밀리에 하는 봉공' 정신을 청년들에게 주입시키는 게 군대교육의 주안점이었다. 그리고 그 구체적인 모습은 남들이 모르는, 눈에 띄지 않는 전사(戰死)를 찬미하는 형태로 나타났다.

군인은 "명예로운 죽음을 바라지 말라는 교육을 받고 있습니다. 이를테면 누구 하나 아는 사람이 없을 듯한 남방의 어느 하늘에서 죽는 것, 혹은 만주나 중국 광야의 풀더미 속에서 누구에게도 알리지 않고 죽는 게 위대한 것이다. 멋진 명예로운 죽음을 바라서는 안 된다"(『日本の軍隊』)고 교육을 받고 있다. 그렇기 때문에 "특공대와 같이 매우 영광스럽고 — 이렇게 말하면 좀 어폐가 있을지도 모르지만 — 일단은 모든 이로부터 멋지게 죽는 방법이라 인식하는, 바로 그러한 기회가 주어졌다는 것은 오히려 행복일 것이라 생

각했다 ….”(위와 같음)

위의 인용문에는 ‘명예로운’ 전사와 ‘봉공’의 전사, 이 둘의 대립이 보인다. 모르긴 해도 과거 무사도의 역사에서도 이 명예의 문제를 둘러싸고 두 가지 죽음의 방식이 줄곧 논의되어 왔을 것이다.

12. 다인(茶人)의 호기심

부족주의의 미를 제일 확실하게 보여 주는 게 다도(茶道)이다. 특히 와비차(侘茶)라 하여 자쿠안 소타쿠(寂庵宗澤) 등은 다선일여(茶禪一如)의 경지에서는 족함을 아는 것, 부족에 대해 만족하는 것이 다도의 본뜻이라 일컫는다. 그의 『禪茶錄』에 의하면, “와비(侘)는 물품이 부족하여 모든 게 자신의 마음과 뜻대로 되지 않는다는 의미”이며, “그 부자유를 부자유로 생각하는 마음이 생기지 않는 것, 부족함에 대해서도 부족하다는 마음을 일으키지 않는 것, 부조화에 대해서도 역시 부조화의 마음을 품지 않는” 것이 다름아닌 와비다.

나아가 단지 부족을 부족으로 느끼지 않을 뿐만 아니라 “여의치 않음을 즐거움으로 삼는다”는 게 『禪茶錄』에서 말하는 부족주의인 것이다.

도쿠가와 시대에 야나기사와 기엔(柳澤棋園, 1704~1758)이 수필집 『雲萍雜志』에서 이르길, 다도에서 사용하는 도구가 모자라 그 부족함을 뭔가 다른 것으로 임시변통하여 메꾸는 게 '치소(馳走)', 즉 대접이며, 따라서 "만사 족하지 않는 데 아취가 있다"고 한 것도 앞서 본 것과 같은 취지의 부족주의다.

이러한 다도의 부족주의가 역시 지족사상에서 나온다는 사실은 이이(井伊直弼)가 쓴 『茶道の政道の助けとなるべきを論へる文』에 잘 드러난다. "족함을 알고서 즐기는 쾌락이라면 그건 진짜 쾌락이 아니다. … 각자가 제 분수를 지켜 그 이외의 것을 바라지 않는다면", "만족할 수 있는 까닭에 즐겁고, 즐거운 까닭에 만족될 수 있다"고 생각한다. 이를 "바로 스키(數寄)라고 하고 또한 와비(侘)라고도 하는" 것이다. 바꿔 말하면, "국가가 차 마시는 방법을 널리 보급시키면 … 위아래가 모두 제 분수를 지켜 아무런 근심 걱정도 없으며 서로 원수질 일도 없을 것이다. … 저절로 태평성대가 될 것이다." 바로 여기에 다도의 부족주의가 '정도(政道)에 도움'이 된다는 실용주의적 목적이 확실히 드러난다.

오늘날의 다도에서 와비, 사비를 중요시하는 경우 역시 안분지족사상이 물씬 풍겨나며, 이 점은 앞서 본 이이(井伊)의 논의와 별로 다를 게 없다.

가령 사사키(佐々木三昧)가 전후에 쓴 『茶道教室』에는 지족에서 부족주의로의 이행을 다음과 같이 설명하였다. "다도는 신분상응(身分相應), 지족충분(知足充分)을 강조하고, 사치를 배제하며 도가 지나침을 경계한다. … 이런 마음가짐이, 부족함을 사랑하고 가난함을 좋아하는 적극적인 경지로 옮겨 감으로써 와비의 다도가 생겨난다."

뒤집어 말하면 "불완전함에서 아름다움을 발견하려는 '조심스러움'이 작동하게 되고, 결핍을 사랑하고 간소함을 기리는 마음이 나오게 되는" 것이다. 이러한 심경이 한 걸음 더 나아가면, 그 "구극의 경지는 자기를 완전히 버리는 것이며, … 자아라는 망념의 모든 것을 해소하여 유구무변(悠久無邊)한 우주에 합일하려고 노력하게" 된다.

지족주의에서 부족주의로 더 나아가 자아의 해소로, 이러한 다도론은 일본적 자아부정이라는 논리의 한 본보기라 할 수 있을 것이다.

위에서 본 다도론처럼 극단적인 형태를 취하는 것은 아니지만, 부족주의는 다도뿐만 아니라 오늘날의 처세법에서도 정도의 차이는 있지만 다양하게 수용된다.

가령 앞서 인용한 『處世百科事典』에는 예술상의 부족주의만이 아니고 인생에서도 그게 필요하다는 주장이 보인다. "모든 걸 다 표현하지 않고 여정(餘情)을 남겨 두는 데 예술과 해학의 세계가 펼쳐진다. 인생도 또한 그러하다. … 헛됨과 빈틈이 없는 생활… 에는 여정이 없다. 인생이란 당연히 쓸데없는 짓도 하고 풍류도 즐겨야만 하는 것이다. 차면 기우는 게 세상살이의 이치라는 말이 있다. 이 역시 여정을 남기는 게 좋다는 뜻과 통한다."

하지만 위에서 말하는 여정이나 여유는 이른바 정신적인 것이기 때문에 "쓸데없는 짓도 하고 풍류를 즐긴다"고 해도, 그건 어디까지나 돈을 쓰지 않고 '분에 걸맞은' 취미생활을 하는 걸 말한다. 이를테면 집안에서는 처마 밑에 풍경을 매단다든가, 집 밖에서는 고작 화전(花煎)놀이 정도밖에 할 수 없는 게 서민들의 풍류다. 그 정도의 풍류로 만족하라는 게 부족주의의 처세법이다.

흔히 일본인은 가난할지라도 풍류를 즐기는, 취미활동이 풍부한 국민이라고 얘기한다. 하지만 실제로는 가난함 속에도 즐거움이 있다는 부족주의에 대한 선전이 철저하게 이루어진 까닭에, 서민은 각자가 자신에 걸맞은 취미를 가짐으로써 만족하는 기분이 드는 것뿐이지, 그것이 결코 '국민성'에서 유래하는 것은 아니다. 그 증거의 하나로 도쿠가와 시대에 다도의 와비, 사비에 대해서도 격렬한 반대 의견이 있었다는 점을 들 수 있을 것이다. 가령 합리주의적 경향이 있었던 유학자 다자이 슌다이(太宰春臺, 1680~1747)는 수필집 『獨語』에서 다도의 와비를 다음과 같이 통렬히 비판하였다. "무릇 다인(茶人)이 하는 일은 모두 빈천한 자의 흉내이지만, 부귀한 자가 빈천한 자를 흉내내어 즐거움으로 삼으려 하는 데는 까닭이 있다. 본래부터 빈천한 자, 새삼스레 무슨 빈천함을 흉내내어 즐길 게 있겠는가."

다자이 슌다이는 다도가 몹시 마음에 들지 않았던 모양이며, 따라서 다른 대목에서는 "다인의 호기심은 모두 가난하고 초라한 모습을 일부러 흉내내는 것"이라 배격하였다.

이처럼 그가 '빈천한 자'의 입장에서 '부귀한' 다인의 '호기심'을 비판한 것은, 좀 부풀려 말하자면 부족주의의 계급적 근거와 속성을 지적한 것이라 볼 수 있는데, 도쿠가와 시대에 이러한 각도에서 다도를 비판한 예는 그다지 많지 않다.

다음은 지족사상, 지족주의에 대해 쏟아진 일반적인 비판과 그로부터 한 걸음 더 나아간 행복주의 혹은 쾌락주의에 가까운 사고 및 그 계통에 대해 살펴보기로 한다.

13. 금을 바라지 않는 얼굴을 한다

부족주의는 요시다 겐코, 가모노 조메이 등 불교적 인생관에서 도쿠가와 시대의 무사도적 봉공 의식을 거쳐 쇼와 시대의 내핍정신으로 이어지고, 전후 지금까지도 일본의 도덕관과 예술관에 뿌리깊게 남아 있다.

이런 부족주의에 대한 비판이 나오게 된 것은 도쿠가와 시대 중엽, 그러니까 봉건제 속에서 성장해 온 상업자본주의의 사회적 토대 위에서 반봉건적인 합리주의적 사고가 싹트기 시작한 때다.

가령 유학에서는 오규 소라이(荻生茄徠, 1666~1728)나 앞서 인용한 다자이 슌다이(太宰春臺) 학파, 국학에서는 마부치 란잔(眞淵嵐山, 1753~1836)이나 모토오리 노리나가(本居宣長, 1730~1801) 등의 합리주의에 가까운 세계관, 인생관 속에는 봉건적 안분지족사상과 결합된 부족주의에 대한 비판적인 견해가 보인다.

그중에서도 요시다 겐코가 설파한 부족주의에 정면으로 반대한 이는 모토오리 노리나가이다. 그는 도쿠가와 중기의 상인 계급이 도달한 반봉건적 사상의 대표자 중 한 사람으로서 현실의 쾌락 추구를 긍정하는 입장을 취했다. 그는 『玉勝間』에서 특별히 「겐코 법사(法師)의 말씀에 대한 시시비비」란 항목을 마련하여 다음과 같은 비판을 가했다. "… 그 어떤 노래에 꽃이 바람을 기다리고 달이 구름을 바란다 하였는가. 이런 걸 저 유명한 겐코 법사가 말한 것처럼 얘기하는 것은 세상 인심(人心)과는 동떨어진, 후세의 똑똑한 체하는 사람들이 만들어 낸 풍류로서 진정한 의미의 풍류가 아니다. 제아무리 유명한 법사가 한 말이라 할지라도 그 속에는 이런 종류의 꾸며낸 말들이 많다. 모든 이들이 바라는 마음과 전혀 다른 것을 풍류라 한다면, 어찌 거기에 꾸며낸 것이 많지 않겠는가."

모토오리 노리나가는 인간의 욕망, 즉 모든 이들의 '바라는 마음'에 반하는 말이나 생각을 '꾸며낸 것'으로 배척할 뿐만 아니라, "족함을 안다"는 교훈에 대해서도 그 위선을 통렬히 공격했다. "… 그저 적당히 바라고 마는 법은 없다는 게 세상 사람들의 마음이며, 진정 이걸로 족하다고 생각하는 세상이 아니거늘, 세상에는 족함을 안다고 떠벌이며 그런 얼굴을 하는 이가 많다. 이게 앞서 본 거짓으로 꾸며낸 것이 아니고 무엇이겠는가."

이와 같은 입장에서 모토오리 노리나가는 또한 빈자행복론(貧者幸福論)에 대해서도 비판한다. 즉 『玉勝間』의 「부귀를 바라지 않음을 좋은 것이라는 언설에 대해」란 항목에서, 그게 바로 유학자들의 위선에서 비롯된 것이라고 비판하였다. "세상의 유학자들, 빈천함을 걱정하지 말고 부가 번창함을 바라지 말며 또한 즐거워하지 않는 게 좋은 것이라 말한다. 하지만 이는 인간의 진정한 마음과 감정이 아니며, 그 대부분은 이른바 이름과 명예에 집착한 위선에 불과하다. 드물디 드물게 그런 마음이 들지 않는 이가 있을지 모르지만, 그건 그가 괴짜이기 때문에 가능한 것이다. 좋긴 뭐가 좋단 말인가 …."

위와 같이 생각하는 모토오리 노리나가인 까닭에, 그는 더 나아가 적극적인 성공을 효행과 결부시켜, "… 적당히 노력해야 할 일을 열심히 해서 출세를 하고 재물이 번창하는 것이야말로 부모와 조상에 대해 효행하는 것이며, 몸이 제대로 말을 듣지 않고 집안이 가난해지는 것보다 더한 불효가 어디 있겠는가"라고 말하였다.

니시카와 조켄(西川如見) 역시 모토오리 노리나가와 마찬가지로 육체적인 쾌락을 긍정했다는 점에서, 상인의 사상 속에 내재된 쾌락주의의 대표자라 볼 수 있을 것이다. 그는 다음과 같이 말하였다.
"어떤 이가 이르기를, 즐거움에는 두 가지가 있다. … 천지인물(天地人物)의 이치를 깨달아 그 도를 즐기는 것은 진정한 즐거움, 즉 진락(眞樂)이며, 음식과 색욕, 유흥은 속된 즐거움, 즉 속락(俗樂)이다. … 상인이 속락을 바라는 게 좋은지 아니면 진락을 바라는 게 좋은지, 이런 물음에 내가 말하길, 아무래도 진락이라 대답하면 재미없을 것이고 속락이야말로 바람직한 게 아니겠는가. 음식과 색욕의 정체를 알게 되면 그게 바로 진락이니라. …"

하지만 니시카와 조켄은 음식, 색욕, 유흥과 같은 속락을 바라는 쾌락주의를 철저하게 추구한 것은 아니다. 앞서 인용한 문장 바로 직전에 그는 어떤 이의 말을 빌려, 즐거움에 대한 괴로움을 둘로 나누었다. "사농공상 즉 사민(四民)이 제각각 맡은 바를 다해 오륜의 교제에 쉴 틈이 없도록" 노력하는 '의고(義苦)'와 "족함을 알지 못해 종일 찾아 헤매는" '욕고(欲苦)'로 양분한다.

나아가 "진락(眞樂)과 의고(義苦)는 하늘에 속하는 것으로 인간 본연의 도(道)"인 까닭에 벗어날 길이 없지만, "속락(俗樂)과 욕고(欲苦)는 사람의 마음에서" 생기는 것이기 때문에 될 수 있는 대로 피하는 게 좋다고 한다. 또한 속락은 진정한 의미의 즐거움이 아니고 그 속에 괴로움이 존재한다고 경계하였다.

이러한 주장과는 달리, 앞의 "내가 대답하여 말하길" 이하에서는 속락을 바란다고 말하지만, 독자에게는 역시 바로 위의 "속락은 진정한 의미의 즐거움이 아니다"라는 구절이 더 중요하게 생각될 것이다. 혹은 니시카와 조켄이 아주 조심스럽게 쾌락주의를 설파하고 있는지도 모르겠다.

이 니시카와 조켄의 견해와 비교하자면, 시바 고칸(司馬江漢)의 경우는 청빈주의를 보다 확실하게 부정하고 행복주의를 주장하였다. 그는 『春波樓筆記』의 「貧富論」에서, "안회(顔回)와 같은 이, 팔을 베개 삼고, 즐거움이 그 안에 있다고 말하지만, 우리들이 생각하기에 그것은 부자유스럽고 어려운 것"이라 말하였다.

하지만 시바 고칸의 행복주의는 모토오리 노리나가의 경우처럼 적극적, 현실적인 것이 아니고 매우 독특한 자연순응주의에서 나온 것이다. 이 순응주의의 사고 방식을 배경으로 한 소극적인 행복주의, 조심스러운 쾌락주의가 바로 일본인이 독특하게 지니고 있는 심리가 아닐까 생각한다.

가령 시바 고칸은 『春波樓筆記』에서 "도량이 지나치지 않는 중용이 바람직하다"는 사실을 말하면서, 인생이 "허무자연(虛無自然)과 같음을 깨달아 안락하게 살다 죽는 이야말로 본도(本道)의 인간"이라 말하고, "되지 않는 일은 되지 않음을 알라, 재물을 모을 수 있다면 모아라, 이름도 높일 수 있다면 높여라. 다만 자신의 도량을 알아 할 수 없는 일은 하지 말라"고 결론을 내리고 있다.

이것이 '허무자연'에서 출발한 중용주의와 행복주의를 뒤섞은 시바 고칸의 인생관이다. 그는 『徒然草』에서 볼 수 있는 불교적인 무상관과 기독교의 우주관, 나아가 유럽 합리주의의 영향을 받아, 인간의 일생을 "천지 허공으로부터 인간을 비롯한 만물이 나와, 또한 역시 본래의 허무로 되돌아간다는 이치"로부터 깨달으려고 했다. 다만 그는 불교도 천주교도 '이단의 종교'이기 때문에 "예전 상인(常人)은 배워서는 안 될 것"이라 하여, 특히 "장년(壯年)이 그것을 배울 때는 천지의 폐물(廢物)"이 된다고 경고했다. 하지만 그는 '60여' 세 정도라면 뭐든지 괜찮다고 말했다. 이는 시바 고칸의 연령을 감안해 볼 때, 자신이 그러한 인생관을 취하겠다는 걸 암시한 것이라 생각된다.

그렇기 때문에 『春波樓筆記』의 「江漢後悔記」에서 "나 금년 70여 세가 되어 비로소 장년(壯年) 이래의 잘못을 알게 되었다"로 시작한 후, "자신의 이름을 후세에 알리려고" 안달했음을 적고, 나아가 "이름이 천세까지 남는다고 하지만 십만 세에 이르지는 못한다. 이로써 생각하건대 이름이란 살아 있는 동안의 이름에 불과하다"고 결론을 내린다. 그에 따르면, "이 세상의 삶은 꿈속에서 헤매는 것"이며, 지금 살아 있는 자신도 '꿈속의 인간'인 까닭에, "이 세상에서 살고 있는 동안은 두려운 꿈을 꾸지 않도록 하여 안거(安居)"하는 것이 좋다. "자는 게 즐거운데, 잠에서 깨어나 지옥의 꿈을 꾼다. 깨지 말고 줄곧 자는 것, 이게 극락이 아니겠는가." 바로 여기에 시바 고칸의 소극적인 쾌락주의가 존재한다.

그런데 시바 고칸이 말한 '허무자연'의 '자연'은 인간을 둘러싼 자연 환경만을 뜻하는 게 아니고, 인간도 자연의 일부로서 인간의 심리나 행동 역시 자연의 법칙에 따른다는 의미의 자연임에 틀림없다.

이처럼 인간을 자연의 일부분으로 인식하고, 또한 인간 속에서 자연을 보려는 데서 앞서 말한 자연순응론, 즉 인간이 '자연의 법칙'에 따르는 게 제일 무리가 없는 생활 방식이라는 사고가 나오게 된다.

이러한 사고는 오늘날에도 많은 이들의 인생관에서 드러난다. 가령 앞서 든 마쓰나가(松永安左衛門)가 그 대표적인 예다. 그에 따르면, "인생의 배후에는 결코 움직일 수 없는 커다란 원칙이 존재한다. 그것은 자연의 법칙이다. 비가 오면 흙은 젖는다. 자연은 이런 식으로 반드시 그 결론을 우리들에게 보여 준다. … 우리들의 행동은 … 결코 무리를 해서는 안 된다. … 자연의 원칙에 따라 중용의 길을 걸어가는 게 중요하다."

여기까지는 마쓰나가의 사고 역시 유교적인 천명론이나 중용론과 그다지 다르지 않다. 하지만 마쓰나가의 경우에는 다음에서 볼 수 있는 것처럼, 자연이 인간 내부에 있는 '자연' 이나 혹은 그가 말하는 '본능' 으로 치환되어, 자연순응주의와 개인주의가 결합한 독특한 인생관이 된다.

그는 "자연 환경 속에서 살며 그것을 이용하는" 것이 "나의 제멋대로와 통한다"고 말하고 이어 다음과 같이 주장한다. "… 돈의 경우도 그렇다. 돈은 아무래도 필요하다. 그것을 갖고 싶은 까닭에 나는 탄광 경영도 하고 투기꾼 노릇도 했다. 벌기만 하면 되는 게 아닌가. … 자신의 본능에 따라 적극적으로 행동하는 성격이기 때문에 어쩔 수 없다. '사회를 위해 그래서는 안 된다.' 이런 도덕도 나에겐 적용되지 않는다. … 인간의 본능에 거스르지 않고 자유롭게 행동하는 것이야말로 본래의 길이다."

위에서 볼 수 있는 마쓰나가의 "벌기만 하면 되는 게 아닌가"라는 주장은 앞서 본 시바 고칸의 "돈을 벌 수 있다면 벌어라"는 말과 매우 유사하다. 어쩌면 마쓰나가 역시 시바의 그 글을 읽었는지도 모르겠다.

아무튼 마쓰나가가 '자연' 을 인간의 내부에 존재하는 자연으로서의 본능으로 치환하여 본능주의의 인생관을 주장한 것은 종래의 일본적 인생관에서 본다면 매우 동떨어진 것이다.

그렇지만 일본의 쾌락주의나 행복주의가 그 출발점에 시바 고칸 식의 '자연'이나 '중용'을 설정하고 그것에 '순응'하면서 욕구의 만족을 지향하는 것은 외국의 경우와는 다른 일본적 소극주의의 심리에서 비롯된다. 그러니까 소극적이고 조심스럽게 마련인 부끄러운 행복주의에서 벗어나지 못하는 것이다.

한편 전후 『墮落論』을 발표하여, 부족주의 비판에서 출발하여 쾌락주의로의 윤리 전환을 설파한 사카구치(坂口安吾) 등은 앞의 마쓰나가보다 훨씬 더 적극적인 행복주의를 주장하였다.

사카구치는 먼저 전쟁중에 '내핍정신'이라는 이름으로 강요된 부족주의를 통렬히 비판하는 것으로 이론의 출발점을 삼는다. 그는 "농촌의 미덕은 내핍, 인고(忍苦)의 정신이라고 한다. 부족함을 참고 견뎌내는 정신 따위가 어찌 미덕이 된단 말인가"라고 분개하고, 청빈과 검약, 겸양은 "모두 다 싫고 미덕이 아닌 악덕이라고 생각하는" 것이다. 또한 그는 "곤고(困苦)와 결핍을 견뎌내는 일본 병사가 곤고 결핍을 견뎌내지 못하는 미국 병사에게 지는 건 당연하고" 패전을 "일본정신 그 자체의" 패배라고 보았다.

이처럼 부족주의가 패배한 사실로써 보아도, "인간의, 혹은 인성의 올바른 모습"은 "바라는 바를 솔직하게 바라고, 싫은 것을 싫다고 말하는" 것이다. 이렇게 말하는 까닭은 "아름다운 것, 즐거운 것을 사랑함은 인간의 자연스런 모습이며, … 만인의 본성으로서 추호도 경멸해야 할 데가 없기" 때문이다.

그리하여 사카구치는 "'건전한 도의(道義)'에서 타락함으로써 진실된 인간으로 복귀"하여 "자기 자신과 인성의, 진실한 탄생과 그 발족"을 맞이하자고 주장한다. 따라서 "일본과 일본인은 타락하지 않으면 안 된다 … ."

그런데 사카구치가 말하는 '타락'이란 그저 단순한 데카당스와는 달리, 다분히 그 자신의 내부에 존재하는 불교적인 요소에서 비롯된다. 가령 "타락의 길로 제대로 접어들어 완전히 타락함으로써 자기 자신을 발견하고 구제"하려고 한다는 것은, 신란(親鸞, 1173~1262)의 『歎異抄』에 보이는 "그 어떤 고행도 제대로 못하는 몸이기에, 아무래도 지옥은 내가 쭉 살아야 할 곳인가 보다"라는 표현과 그 계보를 같이한다. 하지만 사카구치가 말하는 '타락'은 이러한 불교적인 요소하고만 관련되는 게 아니다. 사카구치에게 "타락 그 자체는 언제나 하찮은 것이며 악(惡)한 것에 불과하지만, 타락이 지닌 성격의 하나로 고독이라는 위대한 인간의 실상이 엄연히 존재한다. 즉 타락은 늘 고독한 것이다. 다른 사람들로부터 버림을 받고 부모에게까지 버림을 받아, 그저 스스로에게 의지하는 것 이외에 달리 방도가 없는 숙명을 안고 있는" 고독함을 '인간의 실상'이라 보는 것은 한편으로 자아의 주장, 자아주의(自我主義)와 통하는 사고 방식이다. 그러니까 '스스로에게 의지하는 것 이외에 달리 방도가 없는' 것에 대한 자각이라 할 수 있다.

이를 앞서 인용한 시바 고칸의 고독감, 즉 "천지는 시작도 없이 열리고 그러던 중에 언제 시작했는지도 모르게 인간을 만들고, 그리고 앞으로도 끝없는 세월에 걸쳐 인간을 만드는, 그 수를 이루다 헤아릴 수 없을 것이다. 그중에 나라는 존재는 오직 나 하나뿐이다. 부모 형제가 있다 해도 모두 나와 상관없는 존재다"라고 회술한 고독감과 견주어 읽어 보면, 흥미롭게도 둘 사이엔 일맥상통하는 점이 있다.

사카구치는 '타락' 속에서 고독한 자아를 발견하고, 그것에 의지하는 것 이외에 달리 방도가 없다는 사실 인식으로부터, 거꾸로 자아를 강화하는 방향으로 향하는 것이다. 이처럼 어떠한 형태로 자아를 발견하고 그것을 지켜 강한 것으로 만들어 가려는 노력은 시바 고칸이 말하는 중용의 자아와는 전혀 다른 것이며, 따라서 그의 생각은 전후 일본의 특수한 조건에서 나온 것이라고 해야만 할 것이다.

위에서 살펴본 것처럼 사카구치가 『타락론』에서 말하는 쾌락주의는 타락이나 고독과 같은, 전후 일본 사회의 고유한 심리적 토대 위에 기초한다. 이에 비해 1953년에 출간된 처세에 관한 『これからの上手な生き方』은 "당신의 출세와 행복을 위해서"라는 광고 문구처럼, 일본에서는 아마도 최초의 행복주의에 의한 수양서일 것이다. "… 도덕을 지키는 게 행복이라는 것은 이제 거짓말이라 해도 아무런 지장이 없으며, 또한 사실 번뇌라든가 십계(十戒)라 하여 여러 가지 훈계를 하지만, 본능이 억제된 상태의 행복이란 있을 수 없다." 이런 머리말로 시작하는 이 책에서, 저자는 인간 삶의 목적을 오로지 물질적으로 윤택한 쾌락생활을 하는 것이라 주장하고, "인간은 그저 일을 하기 위해서 사는 게 아니다. 훌륭한 일을 하고

싶고, 성공하고 싶고, 멋진 생활을 하고 싶고, 행복하고 성공하기 위해, 그러니까 자신을 만족시키기 위해 일도 하고 노는 것이다"라고 말하였다.

그에 따르면 인간의 삶의 목적인 행복은 오락이며, "놀기 위해 일하는" 것이 '인간의 진리'이자 '생명의 진리'라고 한다. 또한 그는 '오락주의'라고도 부를 수 있는 자신의 인생관에 대해, "실로 오락이야말로 행복이 명백하게 드러난 것이며", "인간의 생명은 오락이라는 불에 태워지는 것에 불과하다"고 주장하였다.

그러면 오락이 왜 '인간의 진리'인가 하면, "오락이 부재할 경우 먼저 머리의 기능이 쇠퇴하고 마음이 약해지고 육체 역시 시들어간다. 이것으로도 증명되기" 때문이라고 한다.

이러한 논리에는 무리가 많은 게 사실이다. 아무튼 쾌락주의를 공공연하게 주장한 이 책은 전후 일본에서 미국식 행복주의를 주입한 유일한 수양서일 것이다. 그만큼 일본에서는 지금까지도 솔직하게 행복을 바라는 마음가짐이 왠지 이기적인 악(惡)처럼 생각되는, 그런 부족주의가 넘쳐나는 것이다.

IV. 일본인의 합리주의와 비합리주의

1. 운은 하늘에 달려 있다

일본인이 즐겨 사용하는 '천연자연(天然自然)의 이치' 라든가 '자연의 법칙' 이라는 말 속에는, 실은 '이치' 나 '법칙' 과 같은 것을 부정하는, 뭔가 '비합리' 적인 것에 의해 인간이 지배를 받는다는 생각이 숨어 있다. 그것은 흔히 천도(天道), 천명(天命), 운명, 숙명 같은 말로 표현되며 인간의 지혜를 뛰어넘은 어떤 절대자에 의한 지배를 가리킨다.

세계의 문명제국 중에서 일본인만큼 운명이나 숙명이란 말을 가지고 사회와 인간만사를 설명하려는 국민은 그다지 많지 않을 것이다. 그래서인지 예로부터 일본에서는 인사(人事)와 천명에 관한 여러 가지 견해가 발표되었으며, 또한 권력자는 그것을 권력을 유지하며 민중을 지배하기 위한 사상적 무기로 직접적으로 또는 간접적으로 사용해 왔다.

이러한 일본적인 운명론을 대별하면 좁은 의미의 운명주의와 숙명주의로 양분된다.

여기서 좁은 의미의 운명주의는 세상만사를 다소라도 우연한 만남의 운명으로 보는 것이다. 또한 숙명주의에서는 인간의 일생을 미리 예정된 운명, 숙명이라고 보기 때문에, 그러한 관점은 당연히 전세(前世), 내세(來世)라든가 인연, 인과와 같은 사고 방식과 관련을 갖게 된다.

예로부터 내려온 천도(天道), 천명(天命)이라는 말 속에는 이러한 두 가지 의미가 포함되어 있으며, 경우에 따라서는 이 두 가지를 적절히 나누어 사용하기도 한다.

아무튼 운명주의는 봉건 사회의 권력자들에게는 중요한 사상적 무기가 되었으며, 무사도의 교훈서에는 천명이라든가 천운에 대한 마음가짐이 자주 거론된다. 예를 들어 관문 7(寬文 7, 1667)년판의 『鬪疑兵庫記』의 본문에서는 운(運)을 자세히 분류하여 다음과 같이 말했다.

"운이라는 것을 분류하지 않는다면 무사가 아니다. 운에는 다섯 가지가 있다. 천운(天運)과 인운(人運), 세운(世運), 사운(事運), 의운(義運)이 바로 그것이다. 먼저 천운은 무엇인가? 성인이 천하를 다스림에 천재(天災)가 일어나고 혹은 홍수나 가뭄이 든다거나, 악왕(惡王)이 천하의 주인임에도 불구하고 수명 장수하는 것 역시 천운이다. 다음 인운이란 무엇인가? 성덕(聖德)을 지닌 군주는 번영하고 악덕한 군주는 망한다. 이를 가리켜 인운이라 한다. 세운이란 자기 자신에게 나쁜 일이 없을지라도 세상의 성쇠(盛衰)와 함께 망함에 이른다. 사운이란 자연의 잘못으로 인해 자연적으로 망하는 … 의운이란 미리 정한 규칙이 있는 까닭에 번영하는 것도 망하는 것도 모두 이 규칙에 따르는 …."

이와 같이 알기 쉽게 분류를 하고 나서, 끝으로 "세상만사는 이러한 다섯 가지 운의 범주를 벗어나지 않는다"고 운명주의를 주장하였다.

그러나 무사의 경우, "모든 걸 천운에 맡겨 선악을 생각하지 않는 자는 어리석은 인간"이라 하고, "무용(武勇)을 즐기는 자는 천운을 존중하지 말고 인운을 존중해야 한다. 천운을 존중하게 되면 악에 가까워지기 때문"이라 경계하였다. 이는 조건부 운명주의라 할 수 있다. 즉 천운에 따라 체념하는 것이 아니라 사람의 운을 사람의 힘으로 움직인다는 적극성이 다소나마 남아 있다.

이와 관련해서 무사도의 운명론에서는 인간의 부침(浮沈)과 도의(道義)의 관계를 아래와 같이 설명하기도 한다.

가령 『葉隱』에서는 "인간의 선악은 성쇠(盛衰)로써 그 시비가 가려지는 게 아니다. 성쇠는 천연(天然)에 속하며, 선악은 인도(人道)에 속한다"고 말하였다. 즉 인생의 성쇠, 부침은 천연자연의 이법(理法)을 따르는 것으로 인간의 힘이 결코 미칠 수 없는 바이지만, 선악은 인도(人道)에 속하는 사항으로 거기에는 천도(天道)와는 다른 법칙이 있다고 설파하였다. 앞서 소개한 '인운(人運)'은 여기서 말하는 '인도(人道)'에 가까운 생각일 것이다.

그러나 무사의 경우에도, 신분이라든가 계층이 하늘의 명에 따라 처음부터 정해져 있다는 숙명주의는 강조되었다. 가령 『諸士男子訓』에서는, "부귀(富貴)는 원래 하늘에 달려 있는 까닭에 사람이 구하기 어렵고, 글을 읽어 몸을 닦는 일은 사람에 달려 있는 까닭에 구하기가 쉽다. 구하기 어려운 것 때문에 괴로워하기보다는 구하기 쉬운 것에서 마음을 즐겨야만 한다"고 말하였다. 지족안락의 근거로 '천(天)'이 설파되는 것이다.

그러나 세상이 공평하지 않다거나 악인이 번창하는 것 등에 대해서는 그저 그것을 천운(天運), 천명(天命)이라고 간단히 체념할 수 있는 게 아니며, 따라서 이 불공평에 대해 여러 가지 설명이 시도된다. 가령 가이바라 엣켄은 『初學訓』에서 다음과 같이 말하였다. "선을 행해도 복이 없는 사람이 있다면, 그는 매우 명분(命分 : 운수)이 적고 복을 적게 받고 태어난 사람이다. 또한 악을 행해도 화를 입지 않는 자가 있다면, 그는 매우 두터운 기(氣)를 받아 태어날 때부터 다행스러움을 몸에 지닌 자이다." 이처럼 태어날 때의 '명분(命分)' 이나 '복(福)' 이 많고 적음에 따라 일생이 불공평하게 끝날지도 모른다. 하지만 응보(應報)는, "일대(一代)에 보답을 받지 못한다면 반드시 그 자손에게 보답이 따른다. … 선악에 반드시 응보가 존재함은 자연의 천리(天理)로 의심할 여지가 없다. 또한 사람에게는 가지고 태어나는 화복(禍福)이 있는데 이게 바로 천명(天命)"이라고 했다.

이처럼 그는 사람이 가지고 태어나는 행, 불행을 천명이라 부르고 이에 대해 선악의 응보를 천리라고 불렀다. 그리고 천명의 불공평은 천리에 의해 보상되는 것이기 때문에, 결국 그가 말하는 천리는 인과라든가 인연이라는 말에 해당한다.

이러한 가이바라 엣켄의 견해에 비해 유학자 나카에 도주(中江藤樹, 1608~1648)가 말하는 '명(命)' 이라든가 '운명' 은 훨씬 더 숙명론적이다. 그는 모든 게 숙명에 의해 예정된 것이라 보았다. 가령 『翁問答』에서 그는 "… 인간이 평생 동안 마주치는 경계(境界)와 길흉화복, 일음일식(一飮一食)에 이르기까지 명(命)이 아닌 게 하나도 없다"라든가, "운 좋게 부귀를 누리는 것도 가지고 태어난 운명으로서 내 힘으로 어찌 할 수 있는 게 아니다. 운 나쁘게 빈천하게 된 것도 가지고 태어난 운명으로서 부모의 잘못도 아니고 사람이 어찌 할 수 있는 것도 아니며, 본디 천도(天道)가 잘못 부여해 준 것도 아니다"라고 말하였다.

아울러 인간의 운명에는 "태교(胎教) 10개월 사이에" 음양오행의 작용과 "선악 응보의 감화까지 뒤섞이기" 때문에, "운명의 좋은 면만을 두루 갖추고 태어날 수는 없는 법"이라고 한다. 이는 운명론 중에서도 역설적인 논리로 가장 공을 많이 들인 견해라 할 수 있다.

아무튼 일본에서는 운명에 대한 견해가 예전의 지식인층 사이에서 되풀이 제시되었고 또한 이에 관한 상세한 논의가 이루어졌다.

무사 계급보다 신분이 낮은 상인, 농민에 대해 설교를 할 경우에는, 당연히 앞서 말한 안분지족 사상의 근거로서 이 운명론이 유효하게 사용되었다.

먼저 가업(家業)이나 직업에 대해서는 그게 천명으로서 주어진 것이며, 따라서 그것에 따르지 않음은 천명에 위배되는 죄라고 이야기한다.

이를테면 데지마 도안(手島堵庵, 1718~1786)의 심학서(心學書) 『會友大旨』에서는, "농공상(農工商) 중 그 어떤 가업의 경우에도 내 스스로가 좋아 그것을 택한 것은 아니다. 이상스럽게도 대대로 이어 내려온 가업인 까닭에 그게 바로 천명이다. 그런 자신의 가업을 조금이라도 엉성하게 다루면, 그것은 곧 천명에 등을 돌리는 대죄가 아니겠는가 …"라고 말하였다.

앞서 이미 보았듯이 무사에 대해 설교를 할 경우에는 천명에 대해 인운(人運)의 중요성 같은 게 고려되었음에 비해, 상인의 경우에는 위와 같이 '천명에 등을 돌리는 대죄'와 같은 협박 문구가 들어가게 된다.

이러한 위협 방식은 농민에 대한 설교의 경우, 더욱더 노골적인 모습을 드러낸다. 가령 농민의 처세술을 설파한 앞의 『民家分量記』에서는, 인간이 제각각 '천명(天命)의 분량'을 태어날 때부터 가지고 있으며, "농민으로 태어난 것도 천명이고 빈부 역시 천명이다. 나이를 먹으면 후회도 바람도 없어질 것"이라고 분명히 적고 있다. 운명주의론의 정치적 의미는 이러한 문장만으로도 충분히 이해할 수 있을 것이다.

부인에 대한 설교의 경우에도 이와 비슷한 천명론의 위협적인 문구로 체념론이 설파된다. 가령 『續鳩翁道話』에서는 부인이 처한 경우를 모두 천명에 의한 것이라 말한다. 즉 "… 남편의 집에 있거나 그 후에 여러 가지 고생을 하는 것도 또한 괜찮은 신세가 되는 것도 모두 천명이 아니고 무엇이겠는가. … 이를 피하려 들지라도 피할 수 있는 길이 없다." 그런데 "백 사람 중에 한 사람은 남편을 버리고 친정으로 돌아가거나 혹은 다른 집 며느리가 되어 괜찮은 신세가 되는 이도 전혀 없는 것은 아니다. 그렇지만 그 사람 몸은 비록 편해질지라도 마음속으로 괴로운 일이 어찌 없겠는가. 남편을 섬겨 부도

(婦道)를 지킨다면 비록 몸은 고통스러울지라도 마음은 안락하다"고 하여, 천명에 등을 돌린 대가가 마음의 고통으로 되돌아온다고 한다. 그러니까 "인간은 인의(仁義)의 품성을 가지고 태어난 존재인 까닭에, 조금이라도 무리를 할 경우엔 곧바로 불안감을 느끼게 된다. 이것이 바로 살아 있는 천명", 즉 양심의 가책에 해당한다.

이러한 천명론이 한 걸음 더 나아가면, 다음과 같은 그럴듯한 이현령비현령 식의 발뺌으로 발전한다. 즉 "상(賞)은 원래 하늘의 가호(加護)"인 까닭에 "사람의 힘으로 조금이라도 바꿀 수 있는 것"이 아니지만, "벌(罰)은 제 스스로 하늘의 버림을 받는 것으로 … 자신도 모르게 갑자기 찾아온다. 이를 묘가(冥加)[22]라고 한다."(『冥加訓』) 즉 불행은 인간의 탓으로 인해 받는 천벌에 해당하고, 행복은 천도(天道)가 주재하는 바이기 때문에 인간의 힘으로는 어찌할 수 없다. 일본어로 행복을 '시아와세(仕合せ)', '고운(幸運)'이라 표현하는 것은, 바로 이 행복이 인력과는 무관한 하늘의 하사물이라는 인식이 아직 남아 있는 것으로 볼 수 있다. 이러한 인식을 배경으로 "행운은 누워서 기다려라"[23] "기다리자면 항해하기에 좋은 날도 온다",[24] "시렁에서 떨어진 인절미"[25] 같은 속담도 생겼다.

---

22) 신불(神佛)의 뜻.

23) 행운은 사람의 힘을 초월한 것이니 서두르지 말고 진득이 기다리라는 뜻.

24) 지금은 좋지 않은 상황일지라도 기다리다 보면 바다가 잠잠해져 항해하기 좋은 날도 찾아온다는 뜻.

25) 시렁 위에서 인절미떡이 떨어지는 것처럼 생각지도 않은 행운이 찾아오거나 노력하지 않고 행운을 얻는 것에 대한 비유.

이러한 인식이나 사고는 한편으론 앞서 언급한 자연순응주의로 연결된다. 가령 『續鳩翁道話』에서는, 심학(心學)의 목적이 이 자연순응주의의 심경에 도달하는 데 있다고 적고 있다. 즉 "하품 한 번, 재채기 한 번, 손가락 하나 움직이는 것도 때가 되지 않으면 진실로 할 수 있는 게 아니다. … 될 것은 되리라는 걸 알고, 안 될 것은 되지 않으리란 걸 아는 까닭에 매우 안락하게 지낸다"고 한다.

일본인이 말하는 체념이란 이러한 천명을 깨달아 '안락' 한 기분으로 생활하는 것이며, 따라서 서양에서 말하는 '절망' 과는 다르다. 절망은 천도(天道)가 명(命)하는 체념이 아니고, 인간이 '되지 않을 것도 되는 것처럼 생각하여 어거지로 고심하는' 것이다. 이에 비해 천명주의(天命主義)는 뭔가에 집착한 나머지 절망하는 게 아니고, 처음부터 '담백' 하고 깨끗하게 체념하는 것이다.

그렇다고 해서 천명주의가 아무런 노력도 기울이지 않는다는 뜻은 아니다. '진인사대천명(盡人事待天命)' 이라 하듯이, 운명의 힘과 인간의 힘의 상호관계에 대해서는 여러 가지 견해가 제시되어 있다. 그리고 이 두 가지 힘의 비율을 어떻게 어림하느냐에 따라 운명론자와 현실주의자의 기질이 정해진다.

이하라 사이카쿠(井原西鶴, 1642~1693)의 작품에서도 인간의 지혜나 이성을 초월한 불가항력으로서 '운', '행운' 과 인간의 '재능', 이 양자의 결합에 대해 다음과 같이 언급하였다. 그는 한편으로 "모든 인간의 운은 하늘에 달려 있고, … 죽음은 전생에서 이미 정해진 것이라 말할 수 있다"(『世の人心』)고 숙명론을 설파한다. 또

한편으로 "분수는 재능에 행운이 곁들여지지 않고서는 성립하기 어렵다"(『日本永代藏』)고 하여, '분수'가 운과 '재능'의 결합 방식 여하에 따라 결정된다는 점을 지적하였다.

2. 궁하면 통한다

천명론은 오늘날에도 수양서에서 빠질 수 없는 항목 중 하나다. 다음은 예전과 똑같은 천명론의 논법을 단지 현대어로 직역해 놓은 예를 『おまかせと人生』이란 책에서 들어보겠다. "요컨대 가난함도 부유함도 모두 신령의 하사물이다. … 하지만 아무리 기다리고 기다려도 복이 찾아오지 않을지도 모른다. 그때는 그것이 천명이라고 체념을 해야지 의심을 해서는 안 된다."

그리하여 천명을 믿게 된 바에는 자연순응주의의 일환으로 '위임'이라는 마음자세가 필요하다.

"이미 일어난 재난은 일어난 그대로 신령님께 모든 걸 위임하는 것입니다."

이러한 '위임'론보다 좀 지식인을 대상으로 한 것으로는, 에바라(江原小彌太)가 『心の置きどころ』에서 말하는 절대운명과 상대운명을 들 수 있다. 이 양자는 앞서 언급한 '천운(天運)'과 '인운(人運)'에 매우 가까운 개념이라 볼 수 있다. 에바라에 따르면, "운명에는 절대운명과 상대운명이 있다. 절대운명은 인력으로 어찌 할

수 없지만, 상대운명은 자신의 힘으로 어떻게 할 수 있다. 그렇기 때문에 천명은 이 절대운명에 해당하는" 것이다.

그런데 상대운명은 종교적인 기도로 제어할 수가 있지만, 절대운명은 신불(神佛)에 의지해도 어찌할 수 없는 것이다. 그렇기 때문에 "상대운명은 선인선과(善因善果)나 악인악과(惡因惡果)의 인과율이 들어맞을지도 모르지만, 절대운명에서는 선인(善因)에 악과(惡果)가 뒤따르는 경우도 있을 것이며 또한 악인(惡因)에 선과(善果)가 뒤따르는 경우도 있을 것이다."

이와 같이 운명을 양분하면, 인생의 불행은 절대운명에 그 책임을 지우고, 인생의 행복은 상대운명의 논리로써 신불에게 기도하여 얻을 수 있게 된다. 불교적인 인생관을 설파하는 에바라의 논리로서는 지극히 당연한 해결법이라 할 수 있다.

에바라 역시 '아나타마카세'[26]라는 말로 불교에 의한 자연순응주의의 마음자세를 표현한 점을 주목해 보자. 천명과 인사(人事)의 결합을 전제로, "자신의 모든 것을 아미타여래의 조처에 맡기고 안심입명(安心立命)하여 인사에 몰두한다. … 바로 그것이 절대운명과 상대운명이 일체화된 '아나타마카세'의 경애(境涯)"라고 설파한다. 그런데 이 '위임'의 심리는 결코 불교적인 체념이나 수양의 수단으로서만 일본인의 마음속에 수용되는 것은 아니다.

26) '아나타마카세'의 '아나타'는 상대방에 대한 경칭(敬稱)이며, '마카세'는 위임의 뜻.

이러한 천명주의는 '근대인'이라 일컬어지는 지식인이나 소시민 사이에서도 여러 가지 형태로 마음속 어딘가에 숨어 있는 경우가 많다.

가령 사카구치(坂口安吾)의 『青鬼の壘を洗う女』에 등장하는 여성은 이 자연순응론의 대표선수라 할 수 있다. 그녀의 다음과 같은 빈둥거리는 투의 술회(述懷)는 매우 흥미롭다. 즉 "궁하면 통한다. 곤란할 때에는 자연히 어떻게 되는 법이다. 이게 바로 지금까지 내가 터득한 인생의 원리"라고 한다.

또한 이 여성은 전쟁중의 심경을 다음과 같이 말하였다. 즉 "신문이나 라디오는 조국의 위기를 부르짖고, 항구에 떠도는 유언비어는 일본의 멸망을 소곤대고 있었지만, 나는 나의 생존을 믿을 수 있었기 때문에, 그리고 곤란할 때에는 자연히 어떻게 되는 법이라는 마음속의 버팀목이 있었기 때문에, 일본 같은 건 어찌 되건 나하고 상관없는 일이라 생각했다"고 한다. 이 인용문은 일본의 소시민이 지닌 이기적인 자연순응주의를 생생하게 재현한 문장이다.

일본의 많은 민중들에게는 정말이지 '조국'이나 '민족' 운운하는 "사고는 너무나도 허황되고 자신들의 실생활과는 동떨어진 것"이기에, 그 '조국'이나 '민족' 문제에 대해선 남의 일같이 그저 서먹서먹하게 느낄 뿐이었다. 불행한 일이지만 지금도 마찬가지다. 그런 까닭에 '곤란할 때'에 자신의 힘으로 그 해결책을 강구하는 게 아니고 '자연히 어떻게 될 것'이라고 생각한다. 여기서 말하는 '자연'이란 예전 같으면 천(天)이나 명(命)에 해당하는 것이다. 이

천과 명을 따를 수밖에 없는 까닭에, "일본 같은 건 어찌 되건" 자신의 생활만은 어떻게 되리라는 게 천명주의의 전망이다.

이러한 천명주의 역시 앞서 본 절망과는 다른 것으로, 일본적 체념에서 비롯된 일종의 게으름이라 볼 수 있다. 그런 면에서 천명주의는 의외로 어두운 절망이 아니고 무지한 낙천주의라고도 말할 수 있다.

실제로 매춘부들은 수기에 다음과 같이 적고 있다. "△△가 귀국해 버린다면 이런 불행한 년들이 없어질 텐데. 빨리 가 버렸으면 좋겠어. 나도 △△가 귀국하면 댄서도 그만둘 생각이야. 하지만 세상만사 운명이 아닌 게 어디 있겠어, 별수없지 뭐. 생각하는 건 정말 바보 같은 짓이야." 이처럼 운명론에서부터 '오마카세', 즉 위임으로, 따라서 생각하는 것 자체의 포기로, 그녀의 갈 길은 확실히 정해져 있다.

이러한 전후의 운명주의는 패전을 하나의 '천명'으로 받아들였던 심리와도 결코 무관하지 않을 것이다. 즉 "이 전쟁은 도대체 어찌 될 것인가. 일본이 지고 미군이 본토에 상륙하여, 일본인 대부분이 사멸해 버릴지도 모른다. 그것은 또 하나의 초자연의 운명, 말하자면 숙명과 같은 것으로밖에 생각되지 않았던"(坂口安吾, 『白痴』) 것이다.

물론 전후 운명주의가 강화된 배경에는, 이번 전쟁이 마치 '초자연적인' 원폭(原爆)에 의해 압도적 규모의 '천재(天災)'로 마감되었다는 사실만이 있는 게 아니다. 애당초 파시스트의 비합리적인 광기로 말미암아 장기간 전쟁이나 비상시국을 살아온 일본 국민은 다소라도 운명주의자가 되지 않을 수 없었다.

일본의 군인들이 전쟁을 수행하는 경우, 합리적이고 과학적인 계산에 의하지 않고 천우(天佑)라든가 신조(神助)와 같은 것이 항상 머리속에 있었다. 따라서 운명론이 군의 위로부터 아래까지 자신들도 모르는 사이에 스며든 건 너무나도 당연하다.

태평양전쟁이 한창이던 1943년 육군 중장 나카이(中井良太郎)는 『將師論』이라는 책에서, "싸움의 승패에 운명이나 천우(天佑)가 관여한다는 것은 이론을 초월한 사실이며, 게다가 동서고금 어디에도 있었던 사실"이라고 단언하였다. 또한 그는 자신의 전쟁 경험을 회고하며, 전쟁중에는 이 운명주의가 더욱더 강해진다는 사실을 증언하였다. "많은 병사들의 운(運)을 관장하는 무장(武將)으로서, 최선을 다한 후에 하늘의 도움과 신의 가호를 비는 마음자세를 갖지 않는 사람은 없다고 생각한다. 특히 작전을 수행할 경우엔 신앙이 더욱 강고해진다."

운명주의에 의한 체념은 군대교육에서도 강조되었다. 특히 앞서 지적한 '몰래봉공'[27] 정신과 같은 '담백(淡白)'함이 중요시되었다. 군대에서는 "담백이 강조된다. … 이를테면 전장에서 자신의 명예를 높이려는 마음자세는 좋지 않다. 들판에 널린 주검처럼 어디서

27) 본문은 '가쿠시호코(隱し奉公)'로, 상대방이 알아채지 못하게 몰래 하는 봉공의 뜻.

어떻게 죽었는지도 모르는 인간, 비행기에 몸을 싣고 창공을 날다 아무도 모르게 죽어 가는, 그러한 심경이 되지 않으면 안 된다." (『日本の軍隊』)

전몰 학생의 수기에서도, 운명이나 숙명을 생각함으로써 죽음에 임하는 마음가짐을 다잡으려 했던, 가엾은 모습이 여기저기 발견된다. "이 세상에 태어난 하나의 인간으로서 … 너나할것없이 가지고 태어난 운명을 어깨에 짊어지고, 제각각 정해진 대로 힘껏 일하고 최선을 다해 싸워 보지 않겠는가. … 하찮은 논리를 내세워 자신에게 정해진 길에서 도망쳐 숨는 것은 비겁하다. 정해진 길을 걸어가며 하늘이 명하는 대로 승패를 겨루어 보자."(『はるかなる山河に』)

3. 쓰라린 숙명

전선의 병사들만이 아니라 시민들 사이에서도, 전쟁을 일종의 운명으로 그대로 받아들이려고 했던 이들이 많았다. 다자이(太宰治)는 그러한 심리를 자전적인 글에서 다음과 같이 적었다. "전시 중 일본의 모든 신문 지면에서 어디 하나 믿을 만한 기사는 없었지만, '그러나 우리들은 그것을 억지로 믿으며 죽을 요량으로 살았다. 아버지가 파산에 직면하여 속이 빤히 들여다보이는 쓰라린 거짓말을 할 때, 자식이 어찌 그것을 폭로하겠는가. 운명이 다하면,

그것을 깨닫고 조용히 함께 싸우다 죽으면 그만이지.'"(『十五年間』)

일본인의 운명주의는 불행에 대한 심리적 면역의 일종으로 커다란 심리적 효용이다. 그러기 위해서는 일상적으로 무슨 일이든 운명, 숙명이라 생각하고 체념하는 버릇을 들여 두는 게 필요하다.

일본의 대중오락 특히 유행가나 나니와부시(浪曲)에는 운명, 숙명 혹은 팔자와 같은 말이 허다하게 나온다. 마치 대중들이 일상적으로 그러한 말들을 보고 듣고 말함으로써 스스로 운명주의의 교육을 받는 듯한 느낌이다.

또한 뒤집어 보면, 운명주의가 대중들의 마음속에 뿌리깊게 자리잡고 있기 때문에 운명, 숙명, 팔자 등의 말들을 사용한 노래나 이야기가 필요하고 그러한 작품들이 상품으로서 커다란 가치를 갖게 되는 것이다.

이러한 상호작용으로 인해 운명주의는 오늘날에도 조금도 시들지 않고, 오히려 세상의 어두움에 비례하여 성행하고 있다.

유행가 몇 개를 보기로 들어보겠다.

> 서글픈 운명의 / 빨간 구두여 / 길은 두 갈래 / 당신은 홀로 / 장식 끈조차 / 눈물에 젖어 / 아아 / 먼 기적소리에 / 흩어지는 꽃이여.(『赤い靴のタンゴ』)

> 어두운 선창가에서 / 헤어진 / 쓰라린 운명에 / 난 울었다 / 눈물이 애달픈 / 상해의 안개 낀 밤 / 여기에 있지요 / 리루는 / 외톨

이예요 / 리루는 / 내가 바로 서글픈 / 리루지요.(『私がリルよ』)

바다를 건너 왔다 / 나 홀로 왔다 / 희망을 버리지마 리루 / 상해에서 돌아온 리루 리루 / 어두운 운명은 / 둘이 나누어 / 함께 삽시다 / 예전과 같이 / 리루 리루 / 오늘도 상봉할 수 없는 리루 / 그 누구 리루를 모르시나요.(『上海歸りのリル』)

또한 이러한 '운명'에 대해 체념을 권유하는 다음과 같은 노래도 적지 않다.

하늘을 나는 새라면 / 노래에 모든 걸 맡겨 / 사랑도 눈물도 / 노래에 맡겨 / 삐치면 안 돼 / 삐치면 안 돼 / 아아 / 운명이라면.(『伊豆の艶歌師』)

위의 예들로써 알 수 있듯이, 운명을 모두 어둡고 슬프고 쓰라리고 괴로운 '이별'의 상황을 배경으로 노래하였다. 또한 일본의 유행가에서 압도적으로 많이 쓰이는 동사는 '울다'와 '헤어지다'이며, 그 다음이 '체념하다', '흘러가다' 등이다. 이를 통해서도 운명주의와 무상이라는 주제가 얼마나 많은지를 잘 알 수 있을 것이다.

나니와부시에서도 종종 운명이나 숙명을 이야기한다.

괴롭거나 애닯거나 / 피를 토하는 그리움을 참고서라도 / … 살

지 않으면 안 되는 우리들의 / 이게 바로 운명이라는 것이다.(『赤城の子守唄』)

기나긴 인생살이의 싸움은 / 이기는 것도 지는 것도 운에 달렸다 / 때가 되면 또한 이길 수 있다.(『浪人の街』)

4. 이 무슨 인과(因果)란 말인가

나니와부시에 등장하는 야쿠자 세계의 경우, 운명주의는 또한 '인과' 라든가 '인연' 이란 말로써 표현되기도 한다.

이게 무슨 인과인가 인연인가 / 똑같은 개울물을 우부유(産湯)[28]로 사용하고도 / 10여 년을 격렬히 다투는 / 사내들의 고집과 기개.(『天保水滸傳』)

이 어찌된 인과인가 인연인가 / 목을 벤 사람의 부인을 / 내가 돌보아 주었습니다.(『やくざ裏街道』)

그 무슨 인과인가 야쿠자 신세 / 치고 박는 나날을 보내며 / 의

28) 갓난아기를 목욕시키기 위한 깨끗한 물.

리에 죽고 사는 주사위 인생 / 결국은 길러 준 아버지를 / 칼로 베어야만 할 처지가 되고.(赤城の子守唄』)

이 세 가지 예에서 알 수 있듯이, 인과나 인연은 역시 '어두운 운명'과 관련이 있다. 즉 어릴 때 친구들이 서로 적이 되기도 하며, 또한 자기가 목을 벤 상대의 부인을 간병하기도 하고, 길러 준 아버지에 해당하는 백부(伯父)를 죽이기도 하는 일이 일어난다.

'이게 야쿠자의 인과로서'라는 표현을 종종 접하다 보면, 건실한 직업에 종사하는 사람들의 사회에서는 볼 수 없는 비인간적인 상황이 야쿠자의 세계에서는 숙명적으로 일어난다고 생각할 수도 있다. 하지만 실제로는 의리나 은혜와 같은 특별한 인간관계로 말미암아 일어나는 일을 뭔가 초인간적인 운명 탓으로 돌려 비장감을 강화함으로써, 죄의식을 약하게 해 주는 구도다. 예를 들어 지배영역 싸움에 휩쓸려 들어가 얼굴도 모르는 사람을 죽여야 하는 경우, "이게 바로 야쿠자의 인과로서 아무런 원한도 유감도 없는 사람을 서로 베어야 …"라고 표현되면, 왠지 야쿠자가 나쁜 게 아니고 그러한 인과에 지배되는 야쿠자의 운명이 슬프고 부질없는 것으로 동정을 받게 된다.

물론 인과론은 불교를 통해 예전부터 일본 민중들에게 널리 보급되었다. 가령 하쿠인(白隱)의 화찬(和讚)에는 인과응보가 알기 쉽게 설명되어 있다. "이 세상에 태어난 이상 빈부귀천을 가리지 않고 누구나 무병장수와 재물을 바란다. 하지만 질병과 요절과 궁핍을 싫어하는데도 불구하고 그것들이 존재하는 까닭은 어디에 있는가. 아마 전생에서 내 몸이 뿌려 놓은 종자가 현세에서 돋아난 것이 아니겠는가."(『善惡種蒔鏡和讚』)

심학(心學)에서도 역시 인과응보 사상이 도덕관의 기초가 된다. 다만 심학의 그것은 선량한 행위와 착한 마음가짐에 대해서는 반드시 일생의 그 어느 땐가 행복이 찾아온다는 교훈적인 것이다. 그러니까 내세가 아닌 현세에서의 응보이며, 이 점은 불교의 인과응보설에 비해 실제적인 교훈이라 할 수 있다.

이를테면 "부모님이 말씀하시는 것은 무엇이든 '네'라고 신속하게 대답을 하고 기분좋게 말씀하신 그대로 해야만 한다. 그렇게 한다면 성인이 되고 나서 두고두고 행복할 것이다…."(手島堵庵, 『口教』 一) 이처럼 자식이 부모에게 효도하면 어른이 되고 나서 행복해진다고 한다.

거꾸로 부덕(不德)을 행하면 어른이 되고 나서 비운을 맞이하게 되는 것이다. "응보는 슬프고 무서운 것이다. … 어릴 때부터 부모를 거슬리는 아이들은 … 결국 비참한 몸이 되는 법이다."(『口教』 二)

이처럼 심학에서 설파하는 응보론은, 인간의 마음가짐이나 행동이 생전에 좋은 결과나 혹은 나쁜 결과를 초래한다는 것이기 때문에, 매우 현실적이고 적극적인 사고라 할 수 있다. 그러니까 같은 운명주의라 할지라도 불교적인 인과나 인연의 사고보다 훨씬 더 인간의 힘을 중시하는 입장이다. 운명주의는 이 인사(人事)와 천명의 비율을 어떻게 볼 것인가에 따라 뉘앙스의 차이가 다양하게 생겨난다.

한편으로는 극단적인 인과론, 인연론이 존재한다. 모든 인간만사는 인연에 의해 예정되어 있으며, 인간은 아무리 노력을 기울여도 또한 덕을 쌓을지라도 결과가 나쁠 때에는 어쩔 수가 없는 법이다.

이러한 인연론은 체념의 마음가짐을 설파하는 까닭에, 불교를 비롯한 모든 대중적인 종교는 가장 유효한 설교의 논리로서 다소라도 그것을 활용하고 있다. 가령 다음에 드는 예는 불교의 인연론을 빌린, 현대의 전형적인 숙명론이라 할 수 있다. "인간의 일생은 처음부터 끝까지 전부 정해져 있다. … 따라서 되지도 않을 일을 어떻게 해 보려고 애쓰는 것은 전혀 쓸데없는 짓이라는 것도 깨닫지 않으면 안 된다 …."(『おまかせと人生』)

그리하여 '우리들이 현재 하는 일이 인연이 되어, …10년이나 20년 아니 다음 세상에까지 관계되기' 때문에, '어물어물 넘기는 생활은 할 수 없는' 것이다. 이처럼 현실생활이 훗날에까지 영향을 미치기 때문에 수양이 중요하다는 주장은 앞서 본 심학과 똑같은 논법이다.

지금도 민간종교로서 큰 힘을 발휘하는 천리교(天理教)에서는, '인연'을 '신의 뜻이 명백히 드러나 보인' 것이라 하고 또한 자신이 과거에 쌓은 '먼지'의 결과라고 한다. 여기서 말하는 '먼지'는 다음과 같은 열 가지의 무분별함을 이른다. 먼저 여덟 가지 '먼지'라 불리는 욕망, 즉 '섭섭함, 바람, 미움, 귀여움, 원망, 노함, 욕심,

교만'과 천리교를 일으킨 '오야가미(親神)가 싫어하신 거짓말과 추종'을 합해 모두 열 가지의 무분별함이다.

그리하여 '이승 일대(一代)'에서 쌓은 '먼지'의 결과는 '이승의 인연'이며, 여러 대에 환생하여 쌓은 것은 '전생의 인연'이다. 이러한 '먼지'가 쌓였을 때 오야가미가 그것을 경고하기 위해 벌을 내리시는데, 그 결과 여러 가지 불행한 경우를 만나게 된다.

천리교에서는 불행을 몇 가지로 나누는데, 그것은 오야가미의 분노, 즉 천벌의 강도와 비례하는 것으로 설명할 수 있다. 전후 출판된 『天理教要義』에서는 교의개요(教義概要)의 장(章)에 '인연'이라든가 '먼지'의 항목을 설정하고 다음과 같이 적고 있다. "병이나 그로 인한 어려움을 '신상(身上)'이라 하고 불시에 재난이 닥치는 것을 '사정(事情)'이라 하지만, 오야가미께서는 일체의 '먼지'를 '신상 · 사정'으로 명백히 드러내 보임으로써 인간의 마음을 청소하여 이상적이고 쾌활한 생활의 실현을 염원해 주시고 계신다." 여기서 말하는 '쾌활한 생활'이란 천리교의 이상으로 "어떠한 곤란과 고통, 재액을 만날지라도 그것을 고맙고 좋은 것이라 기꺼이 받아들여 … '청천(晴天)의 마음' 그대로" 살아가는 것이다. 또한 "'먼지'에 대한 오야가미의 경고는 맨 처음엔 '안내', '인도'라는 형태로 나타나고, 그래도 알아채지 못할 땐 '의견'의 형태를 취하며 이어 '유감', '분노'라는 형태로 점차 격렬해진다 …"(『天理教要義』)는 것이다.

천리교의 매력은 이러한 현세이익적인 면에 있으며, 아울러 '쾌활한 생활'의 명랑함과 적극성에 있다. "그 어떠한 아픔과 괴로움, 종기, 열병, 이 모두 먼지가 아니고 무엇이겠는가"라고 하듯이, "신상 · 사정은 구도(求道)의 정수(精髓)"라 여기고 "용감하게 그 극복을 지향하는" 것이기 때문에, 천리교의 논리는 결국 소극적인 체념과는 전혀 다른 것이다.

천리교에서는 천명론의 절대주의를 지향하기보다는 오히려 인력에 의한 운명의 극복이라는 상대주의 운명관을 지향한다.

그렇기 때문에 불행을 '인연'이라고 체념해 버리거나 그로 인해 자포자기에 빠지지 말고, 바로 그 운명을 꿋꿋하게 살아가도록 권유한다. 즉 '이리 되건 저리 되건, 잘 풀리는 것도 인연, 안 풀리는 것도 인연이라면 어쩔 도리가 없기' 때문에 '이판사판의 심정으로 살아갈 수밖에 없는' 것이다.

그렇게 하기 위해서는 '참회'를 철저히 해야 한다. 그로 인해 '먼지'가 불식되어 '인연'은 '납소(納消)', 즉 수습되어 소멸된다. 이러한 '전생 인연의 참회'를 '단노(堪能)'라 이른다. '단노'는 체념이 아니고 "적극적으로 '인연'을 수습하여 소멸시키는 길로 나아가는 것"이며, 따라서 "단노(堪能)는 즐거움의 꽃이 필 정도로 충분한 의의가 있다"고 가르친다.

천리교에서건 다른 신앙에서건 이 인연, 인과의 사고와 결부되는 것은 자신의 생명이 신령으로부터 '빌린 것' 혹은 '주어진 것'이라는 인식이다.

천리교에서는 그것을 다음과 같이 설명한다.

"아무튼 인간의 육체는 '빌린 것' 으로 '마음 하나만이 나의 것' 입니다. 육체가 '빌린 것' 이라면 언젠가 그것을 빌려주신 오야가미에게 되돌려주어야만 합니다. 이 되돌림의 시기를 … '죽음' 이라 하지 않고 '새출발' 이라고 합니다. 이 점에 대해 오야가미께서는 매우 알기 쉽게, '죽는 게 아니다. 낡은 옷을 벗어 던지고 새 옷으로 갈아 입는 것이 아니겠느냐' 고 가르침을 내려 주셨습니다."

그렇기 때문에 인간은 자신의 생명을 자신의 것이라 여겨서는 안 된다. 신령이 그것을 자유자재로 움직이기 때문에 '인간의 사고' 나 "각자의 마음으로는 아무것도 되지 않는" 것이다.

이처럼 자신을 신령으로부터 '빌린 것(차용물)', '주어진 것' 으로 생각하는 숙명론은 멸사봉공 정신의 심리적인 버팀목이 되기도 했다.

이와 관련하여 특공대원 학생은 어머니에게 다음과 같은 편지를 썼다. "천황 폐하의 하사물인 우리들은 당연히 폐하를 위해 몸과 마음을 다 바쳐야만 합니다. 어머님께서는 이렇게 생각하시고, 절대로 불평을 늘어놓지 않도록 주의하세요."

사랑하는 자식의 생명까지도 '천황이 주신 것' 으로, 그를 위해 그 목숨을 '바치는' 건 당연하다는 체념이 어머니에게 강요된다. 숙명의 이름을 빌린 비인간적인 악덕에 눌려, 눈물조차도 흘릴 수 없었던 이들의 무참한 모습이 바로 여기에 있다.

이처럼 신적 하사물로 인간을 생각하는 숙명론은 한편으로 절대의 체념이라는 소극성을 띠지만, 다른 한편으로는 천리교의 교의(教義)에도 보이듯이 이 '빌린 것'으로서의 자신을 소중히 여겨 가능한 한 잘되게 해 보려는 적극적인 노력으로 나타나기도 한다. 여기에서 천명과 인사(人事), 인력(人力)의 관계가 등장하게 된다.

5. 최선을 다하고 천명을 기다린다

앞서 언급한 천명과 인력의 관계를 논하는 경우, 후자의 인력이 지닌 효과와 중요성에 대해서는 예전의 천명론에서도 종종 지적되었던 것이다. 특히 도쿠가와 시대의 천명론, 그중에서 무사를 위한 천명론에서는 상인이나 농민의 그것과는 달리, 절대적인 숙명보다는 오히려 인간의 노력이 높이 평가된다. 가령 『武士訓』에서는 "세속의 만사에 대해 걱정하면서 천도(天道) 여하라 함은 옳지 않다. 천도는 자기 자신에게 있지 자신 밖에 있는 게 아니다. 인사를 다하고 난 후에 그 결과를 하늘에 맡겨야 한다"고 말하였다. 서민들에 대해 '모든 게 천명이라고 협박하는' 것과는 좀 다르다. 또한 천명과 인간의 운을 구별하여 다음과 같이 말하기도 한다. "명(命)은 하늘에 있다고 하지만 그 명을 영위하는 것은 자기 자신에게 있다. 명은 하늘에 있지만 또한 내 몸에 있다. 이를 운(運)이라 한다. 천명과 인운이 합쳐져 하나가 된다." 이처럼 무사의 경우에는 인운이 천명과 어깨를 나란히 할 정도로 중요시되는 것이다.

하긴 가이바라 엣켄은 『初學訓』에서, 그 어떤 계층의 인간이라도 인력으로 천운을 얻을 수 있다고 말했다. 즉 "무사는 주군에 봉사하여 열심히 노력하면 주군의 총애를 받아 봉록이 두텁다. 농민은 논밭에 전념하여 농사를 잘 지으면 가을의 수확이 많다. 공인(工人)과 상인은 그 가업에 열심히 힘을 쏟으면 재물이 많아진다"고 했다.

아울러 그는 천명을 인간 스스로의 힘으로 획득하기 위해서는 "그저 열심히 힘을 쏟기만 하면 된다"고 하여, 오로지 노력할 것을 권장하였다. 하지만 뒤에서 볼 수 있듯이 실제 무사들 사이에서는, 천명을 좌우할 수 있는 것으로 결코 '노력'만이 운위된 게 아니고, '이(理)'나 '도리(道理)'의 적용이 운위된 것도 사실이며, 따라서 운명론이 지닌 비합리주의에 대해 합리주의의 요소가 강조되는 것이다.

현대의 처세술에서도 천명과 인사(人事)의 관계는 가이바라 엣켄의 견해와 비슷한 어조로 풀이되었다. 가령 이즈미야마(泉山三六)와 같은 정치가는 『處世百科事典』의 서문에서 다음과 같이 말하였다. "천은 곧 명이다. 천명을 아는 자는 인생의 제1인자일 것이다. … 각자 자신이 처한 위치에서 전력을 다한다. … 천명을 아는 자에게는 반드시 천명이 높아지고 그 지위, 신분은 기대하지 않아도 향상된다." 인용문에 보이는 "전력을 다한다"는 것은 앞의 가이바라 엣켄이 말한 "열심히 힘을 쏟는다"는 것과 비슷하다. 하지만 여기서도 가이바라 엣켄의 경우와 같이, 어떠한 방법으로 노력할 것인가에 대해선 전혀 언급하지 않았다.

또한 아유카와(鮎川義介)처럼 기술자로서 과학적인 훈련을 경험한 실업가의 경우에도 운명주의를 자신의 신념으로 내세웠다. 그는 인간의 역량과 운의 균형관계를 다음과 같이 평가하였다. "손해를 보았다느니 돈을 벌었다느니 말하지만 그것은 운이다. 인간의 역량이라고 하기보다는 오히려 운이다. 99%가 운이다. 운대가 맞지 않는다면 제아무리 궁리를 해도 세상 일이 그렇게 생각한 대로 되지 않는다. 예상 밖의 일이라는 게 있다. … 운은 예로부터 예상할 수 없는 것이라 하지 않던가. 성패의 결정은, 인간이 관여하거나 알 수도 없는 운의 수중에 있는 경우가 많다."(『私の生活信條』, 鮎川義介 항목)

일본인 대부분은 이와 같은 운명주의를 마음속 어딘가에 조금이라도 가지고 있으며, 그것이 전쟁과 같은 비상 국면에서 지금까지 언급한 체념, 깨달음, 혹은 억지 논리가 되어 그들의 불행을 약화시키고 연화(軟化)시키는 구실을 해 왔던 것이다.

일본인은 자력(自力)으로 생활을 설계하고 자신의 생활 목표를 실현하기 위해 합리적으로 밀고 나가는 것처럼 보이지만, 실상 그것을 가능케 하는 '인력(人力)'은 천명이라는 울타리 안에 존재한다고 생각하기 때문에, 막상 막다른 골목에 다다르면 "하늘이 어떻고 명이 어떻다" 하여 그 '인력'을 내팽개치기가 쉽다. 이를 가리켜 "깨끗이 단념한다"든가 "미련이 없이 깨끗하다", '결백'이라 하여 하나의 미덕으로조차 생각하는 경향이 있는데, 이는 근대 외국에서는 볼 수 없는 일본적 심리에 그 바탕을 두고 있다.

그러니까 자아의 나약함에서 비롯된 연약함, 끈기 부족을 천명의 탓으로 돌리고, 자신은 정말이지 "인사(人事)에 최선을 다했다"는 비장감에 휩싸이는 것이다.

이와는 반대로 운명주의에 반항하는 현실주의자는 "깨끗이 단념하지 못한다"거나, "집념이 많다", 혹은 사물에 '집착' 한다, 심지어 '뻔뻔스럽다' 는 말까지 듣게 된다. 일본어의 경우, 완고함을 칭찬하는 말은 그다지 많지 않다.

그래서인지 앞서 인용한 마쓰나가(松永安左衛門)가 인간의 힘을 높이 평가하면서 천명론을 매도한 다음 말은 매우 진기하게 들린다. "인사(人事)는 다할 수가 없다. … 이도 저도 아닌 어중간한 상태로 내팽개치고서, 나는 인사를 다했다는 사람의 생각을 도대체 알 수가 없다. 죽을 때까지 만사 다 해결되는 것은 아니다. 도대체 천(天)이라는 게 어디 있어, 아니면 명(命)이라는 게 정말 있겠어. 그런 것하고는 아무런 관계가 없는 게 인간의 활동성이며, 실행력이며, 혼이다."

마쓰나가가 이런 말을 하게 된 배경은 다음과 같다. 오다와라(小田原)란 곳에서 다도회에 초청을 받았을 때, 그 다도회의 호스트가 서화장(書畵帳)을 꺼내 손님 일동에게 '명문구(名文句)' 를 하나씩 써 주길 요청한다. 마쓰나가의 말을 빌자면, 이때 "시오타니(鹽谷溫)라는 늙은 한학자는 먼저 달필로 권두에다 '진인사대천명(盡人事待天命)' 이란 말을 썼다. 다음에 … 나는 주저없이 '나는 내가 하려고 하는 것을 한다. 어찌 천명에 기대겠는가' 라고 썼다." 이렇게 쓴 까닭은 "인사와 천명을 양분하여, 인사를 다하기만 하면 그저 그것으로 변명이나 핑곗거리가 마련되고, 나머진 모두 신령의 뜻대로라고 응석을 부리는 한학자의 잠꼬대가 마음에 들지 않았기" 때문이라고 한다.

이 일화는 정말이지 동양적인 숙명론을 신봉하는 한학자와 현실주의자인 자본가의 대비를 너무나도 잘 보여 준다.

6. 이론대로 되지 않는 세상

위에서 본 운명주의는 자연과 사회의 법칙을 부정하고 모든 현실이 초자연적인 힘에 의해 지배를 받는다고 보는 비합리주의의 일종이다. 오늘날에도 많은 일본인들에게는 이 비합리주의가 사고방식의 토대가 되었다.

가령 신페이타이(神兵隊) 사건[29]에 연루된 가게야마(影山正治)는 다음과 같은 사건을 들어 비합리주의의 예증으로 삼았다. "마에다(前田) 선배가 날 버리려고 내 머리통에 권총을 들이대고 방아쇠를 3번 당겼으나 모두 불발로 끝났다. 아무렇지도 않은 권총이 불발로 끝난 건 신의 뜻이 아니고 무엇이겠는가. 이는 과학주의, 합리

29) 쇼와 8(昭和 8, 1933)년 7월, 민간 우익단체가 중심이 되어 일으킨 쿠데타 미수사건. 당시의 수상과 관료들을 살해하고 황도(皇道) 정치를 부활하여 쇼와 유신(昭和維新)을 단행하려고 함.

주의로는 도저히 알 수 없는 것이다."(『七 · 五事件公判記錄』)

이러한 예는 누가 보아도 운명주의에서 비롯된 비합리주의이며, 세상만사를 과학적으로 생각하려 하지 않는 비과학주의다. 이번 전쟁중에 출판된 『農士道』의 저자 스가하라(菅原兵治)가 과학적인 사고에 대해, "분석과 이론으로 치닫는 비일본적 이의 제기를 저지하자"고 공격한 예로도 알 수 있듯이, 최근까지 일본에서는 '과학적=비일본적' 이라는 공식이 통용되었던 것이다.

그렇기 때문에 동양 특히 일본과 유럽의 '대결' 을 염두에 두고, 과학주의의 부정과 합리주의에 대한 불신이 일본적 사고의 중심에 있다고 굳게 믿는 이가 많았다. 이러한 경향이 전후에는 많이 약해졌지만, 일본에서 문학가나 사상가로 불리는 지식인 중에는 합리주의가 일본에서는 자라지 못하는 게 당연하며, 합리주의는 일본인의 사회심리와 잘 맞지 않을 뿐만 아니라 유해하다고 보는 이도 있었다.

이러한 견해는 성립되기 어려운 것으로, 뒤에서 언급하겠지만 합리적 사고 방식은 일본에서도 예전부터 여러 가지 다양한 형태로 존재했다. 따라서 일본과 서양을 비교하는 경우, 일본적인 게 비합리적이어야만 할 까닭은 없다.

하지만 일본주의라든가 일본정신을 선전했던 전전(戰前)에는, 위의 스가하라가 배격한 '분석과 이론' 이 외국 특히 유럽 과학주의의 독특한 양상으로, 따라서 일본인에게는 그것이 결코 통용되지 않는다고 생각하는 지식인들이 많았다.

요코미쓰 리이치(横光利一)는 『旅愁』에서 이러한 반과학주의자의 유형을 몇 가지 묘사하였다. 즉 "나는 외국에서 들어온 추상명사라는 놈을 분석용으로는 사용하지만, 인간의 생활심리를 측정할 경우엔 절대로 사용하지 않으려 조심한다"든가, 혹은 "논리가 표면에 나서지 못하고 도리(道理)가 표면에 나서 메이지 시대가 된 일본에, 네가 좋아하는 그 유럽의 지성이란 놈이 기어들어 왔던 게 아니겠어. 이 놈은 분석력이기 때문에 이것저것 가리지 않고 분석하여, 도리도 감정도 모두 분석하기 시작한 게 다이쇼(大正), 쇼와(昭和)라는 두 시대다."

여기서 일본주의자는 인간의 '생활심리', '도리', '감정'은 분석할 수 없는 것임에도 불구하고 그것을 무리하게 분석하려 드는 게 유럽의 지성이며 과학주의라고 생각한다. 즉 자연에 대한 법칙은 일단 자연과학으로서 인정할지도 모르지만, 사회와 인간에 대해서는 분석이 무용(無用)하며, 만약 억지로 분석을 하면 그 결과 유럽 숭배에 빠진다는 것이다. 이어 다음과 같은 주장이 계속된다. "분석해 보면 부모에 대해서도 남편에 대해서도 고맙다고 생각하지 않게 되어, 결국 고마운 것은 자기 자신뿐이다. 그런데 그 자신마저 분석해 보니 정말 별 볼일 없는 자신이란 걸 알게 되었던 것이다. 도대체 무엇이 고마운지 전혀 알 수 없다는 것, 그게 바로 지식계급이라는 인간이 아니겠는가. 그렇게 생각이 미치면, 자신을 별 볼일 없게 생각하도록 한 유럽이 하느님처럼 고맙게 느껴지리라는 것이다."

이러한 일본인의 비합리주의는 종종 "세상 일은 이론대로 되는 게 아니다"라든가, "인간은 이론이나 논리로 딱 자를 수 있는 게 아니다"라는 말로 표현되기도 한다. 바로 이 딱 자를 수 없는 부분에 뭔가 '말하기 어려운' 게 있어, 그 부분은 분석의 힘이 미칠 수 없다는 것이다.

위의 '말하기 어려운' 부분이란, 한편으론 앞서 언급한 부족주의(不足主義)의 여정(餘情)이나 여운 같은 것과 연결이 되기도 하고, 또한 다른 한편으론 일본적인 감(感)이나 비전(秘傳)과도 통하는 것이다.

요컨대 일본적인 비합리주의는 철저한 신비주의가 아니라, 어느 정도까지는 사물이나 사항의 합리성을 인정하고 그 일부분에만 '애매한', 딱 자를 수 없는 비합리성을 남겨 놓는 것이다. 그러니까 부분적인 비합리주의, 좀 조심스럽고 소극적인 비합리주의다. 이와 같이 비합리주의 역시 철저하지 못하고 어느 정도 '융통성'이 있다는 것이 일본적 특징이라고 볼 수 있다.

가령 앞서 운명론에 대해 후나카와(鮎川義介)의 말을 인용했는데, 그 말에 이어 후나카와는 다음과 같은 구체적인 예를 들어 경제, 사회의 변동을 설명한다. 이 경우 그는 과학적인 법칙이 아닌 운으로 그것을 설명하려 든다. 즉 "간단히 말하면, 얼마 전까지 섬유산업이 정말로 호경기였다. 그런데 하룻밤 자고 나니 밑바닥으로 떨어져 버렸다. 누구도 그렇게 되리라고는 생각하지 않았다. 지금은 세계가 격렬하게 변동하기 때문에 그 변동의 모든 것을 예견하기란 불가능하다."

이처럼 사회 현상의 '모든 것'에 법칙이 들어맞는 것은 아니라고 보는 부분적 비합리주의는 오늘날에도 일본의 지식층에 넓고 깊게 침투해 있는 사고 방식이다.

7. 도리가 이긴다

위에서 보았듯이 비합리주의는 왠지 일본인에게는 따르게 마련인 전통적 심리인 것처럼 생각되기 십상이지만, 예전의 일본에 합리주의적 정신이 전혀 없었던 것은 아니다.

전장에서 승패를 다투어야 하는 무장 중에는 전략이나 전술의 합리성을 중요하게 생각하고 합리주의 정신으로 그것을 밀어붙이려 했던 이도 적지 않다. 물론 그것이 오늘날 우리가 생각하는 것 같은 합리주의는 아니지만, 적어도 싸움의 승패를 단지 천명이나 운의 탓으로 돌리는 비합리주의에 반대하여, 이치에 맞는 병법을 생각하는 정신인 것만은 분명하다. 가령 다케다 신겐(武田信玄, 1521～1573)은 다음과 같이 말했다. "질 것 같지 않은 군사가 지고 망할 것 같지 않은 집이 망하는 것을 사람들은 모두 천명이라 말한다. 하지만 어떤 이는 천명 때문이 아니라 수단과 방법이 나쁘기 때문에 그리 된 것이라 생각한다. 미리 수단과 방법을 좋게 해 두면 지는 일이 없을 것이며, 따라서 항상 우리집의 작법(作法)이 어긋나지 않도록 하여 도리(道理)에 위배되지 않게끔 신경을 써야 할 것이다."

이처럼 다케다 신겐은 천명을 갈음하여 '수단 방법'과 '도리'를 군의 승패와 집안 성쇠의 유일한 원인으로 삼았던 것이다. 그는 또한 용감하게도 합리주의의 입장에서 미신을 타파하는 데도 힘을 쏟았다.

이를테면 다케다 신겐이 오가사와라 나가토키(小笠原長時, 1514~1583)와 기쿄가하라(桔梗ヶ原)에서 싸울 때, 날이 어두워지는데도 좀처럼 승부가 나지 않자, 각자 뒤로 물러나 진을 쳤다. 이튿날은 흉일(凶日)이었다. 이에 다케다 신겐은, "분명 오가사하라 나가토키가 설마 흉일에 쳐들어오지는 않을 것이라 방심하고 있으리라"고 판단하고, 다음날 불시에 공격하여 대승을 거두었다. 또한 신슈(信州)에 군사를 보낼 때 비둘기 한 마리가 마당 앞 나무에 멈췄다. 부하들이 '대승의 길조'라 기뻐했지만, 다케다 신겐은 새총으로 그 비둘기를 떨어뜨렸다. 무슨 일에, 길흉의 조짐을 들먹이곤 하는 부하들의 마음자세를 깨뜨리기 위한 것이었다. 비둘기가 오지 않았을 때 부하들이 비관을 하게 된다면 곤란하다는 것이다.

앞서 운명론을 언급할 때 인용한 『闕疑兵庫記』의 주(註)에서도 "오운(五運)을 확대 해석하여 그 범주 안에 들지 않는 것이 없다는 것은 짧은 생각"이라고 본문의 운명론(147쪽 참조)을 평하고, "대저 천지간, 인간, 축류(畜類) … 한 가지 이치로써 성취된다. … 인간이라면 이(理)를 제대로 잘 알아야 한다. … 오운으로써 만사의 의문을 풀려는 것은 성립하기 어렵다"고 분명하게 운명주의를 물리치고 있다. 이것 역시 무사도에서 볼 수 있는 합리주의적 사고의 한 예다.

또한 도쿠가와 시대 아이즈(會津) 번(藩)에서는 미신을 금지하기 위해 사졸(士卒)[30]의 금령(禁令)에 "음양의 점복(占卜)과 귀신의 재상(災祥)을 풀이하여 적과 아군의 길흉을 평하지 말 것"이라는 조문을 추가하기도 했다.

하지만 무사들이 전쟁에 이기기 위해 취할 수 있는 최대한의 방법으로서 합리주의를 선택했다 하더라도 그것은 어디까지나 특수한 예이며, 역시 일본인의 경우 일상생활에까지 미치는 합리적 사고 방식은 오늘날까지 소수파에 속하는 것 같다.

시바 고칸(司馬江漢)이 『春波樓筆記』에서 일본인의 비합리주의를 한탄하며, "우리 일본 사람은 이치를 따지는 걸 좋아하지 않는다"거나 "우리 나라 사람은 만사 궁리하는 걸 좋아하지 않는다"고 한 게 지금부터 약 150년 전의 일인데, 오늘날에도 철저한 합리주의자는 전문적인 과학자들 사이에서조차 찾아보기가 쉽지 않다. 또한 현재 일상생활에서 합리적으로 행동하는 것은 왠지 괴짜처럼 보이기도 한다.

이는 앞에서도 언급했듯이 "인간은 이론이나 논리만으로 딱 자르기가 어렵고", "세상살이가 이론대로만은 되지 않는다"는 생활

30) 무사와 그에 딸린 잡병(雜兵)들.

속의 비합리주의가 일본인의 마음속에 깊숙이 자리잡고 있기 때문이다.

그렇기 때문에 조금이라도 생활을 합리적으로 영위하려는 사람은 세상 사람들에게 오해를 받기도 하고 비난을 받기도 한다. 다음의 예는 미쓰코시(三越) 사장이자 합리주의적 생활을 실천한 이와세(岩瀬英一郎)가 회상한 내용이다.

"내 경우에도 인간을 싫어한다느니 무뚝뚝한 인간이라느니, 세상에서는 그렇게 날 평하는 사람이 있는 모양이지만, 난 전혀 그런 것에 개의치 않는다. 왜냐하면 만날 필요도 없는 사람을 만나거나 필요치 않은 곳에 나가거나 하여 상냥함을 파는 것을 보다 더 인간적이라고 생각하는 것을 난센스라고 생각하기 때문이다. 나에게는 공사를 막론하고 만날 필요가 있는 경우에는 그 어떤 때라도 내가 먼저 기꺼이 만나기도 하지만, 그렇지 않은 사람의 경우는 시간적인 제약 때문에라도 쓸데없는 시간을 낭비하지 않는다고 말할 따름이다."(『人間を作れ金を作れ』)

이 이와세라는 실업가의 주장은 가령 미국 사람들 사이라면 지극히 당연한 것으로 들리겠지만 일본에서는 그렇지가 않다. 아마도 독자 중에는 그의 주장이 '비인간적인', '차가운' 느낌을 지니고 있다고 생각하는 이가 분명히 있을 것이다.

즉 일본에서는 '만날 필요가 없는' 사람도 '인간적인' 교제를 위해 만나 '쓸데없는 시간'을 보내지 않으면 안 된다. 앞서 인용한 처세술 책에서 볼 수 있듯이, 인생에도 '여정(餘情)'이나 '군더더기' 가 필요한 것이다.

또 하나, 좀더 분명히 스스로를 합리주의자라고 선언하는 오자키(尾崎行雄)의 말을 들어 보자. "나의 사상은 과학적 합리주의입니다. 도량형으로 근본을 정하는 것을 근본으로 삼아서 과학에 부합하는 옳고 그름을 판단하자는 것입니다. 이보다 더 좋은 방법은 없습니다. 눈에 보이는 행복, 귀로 듣는 행복 따위를 다시금 과학적으로 사고하여, 그 결과 좋다고 판단된 것을 근본으로 삼아 사회를 만든다면 좋은 사회가 될 수 있습니다. 이렇게 행복을 인정했다면, 나머지 문제에 대해서는 주판이나 자를 근거로 삼아 생각하면 됩니다."(『私の哲學』, 尾崎行雄 항목)

오자키는 과학적으로 세상만사를 생각하고 합리적인 사회의 실현을 이상으로 삼았다. 그런 까닭에 교육칙어[31]는 "전혀 '아니올시다' 입니다. … 뭔 소린지 도대체 알 수가 없습니다. … 그러니까 망국(亡國)의 심부름꾼 노릇을 했을 뿐입니다"(위와 같음)라고 단언할 수 있었다. 하지만 이러한 사고 방식은 오늘날에도 일본의 지배층에게는 매우 예외적인 것이며, 민중의 대다수와도 아무런 관계가 없다.

요컨대 일본에서는 과학적인 지식과 논리에 기초한 건강한 합리주의가 발달하지 못하고, 특히 전후에는 '비인간적인' 왜곡된 형

31) 1890년 10월 30일에 발포된 이후부터 제2차 세계대전 후 교육개혁 때까지 일본에서 교육이념의 지침으로 받아들였던 칙어.

태의 사이비합리주의자가 나오기 시작했다. 그 대표적인 예는 앞에서도 인용한 히카리 클럽의 야마자키다.

8. 딱 부러진 흑백논리의 인생

청년 야마자키는 합리주의를 '생활의 주 체계(主體系)' 라고 생각했다. 그는 이 '항구성과 통일성이 있는 생활체계' 로써 인생이 "이론적으로 딱 부러지게 설명되지 않는다면 육체적인 혐오감을 느껴 도저히 버텨내기가 어려웠다"고 한다.

또한 그는 고정된 행동의 틀이 없으면 안심하고 살 수가 없었다. 그렇다고 기성의 종교나 이데올로기를 믿을 수도 없었기 때문에, 그 자신이 생각해 낸 사이비합리주의의 틀 속에서 상처받기 쉬운 자아를 지키려 했던 것이다. 앞서 자아주의의 항목에서 야마자키를 하나의 예로 언급했듯이, 그는 자아의 나약함을 심리적으로 보강하기 위해 자기 나름의 '합리주의' 를 생각해 냈다. 거기에서는 자기 자신과 자신을 둘러싼 세계를 확실한 법칙이나 규칙으로 처리할 수 있도록 정돈하는 게 가장 중대한 문제가 된다.

그리고 이 문제를 해결하기 위해서는 세상만사가 아예 딱 부러진 흑백논리로 설명될 수 있다고 생각하는 게 속이 편하다. 하지만 그의 자아는, 뭔가 지금까지의 방식이나 사고로는 딱 부러지게 설명될 수 없는 새로운 상황에 적극적으로 부딪혀서 그것을 어떻게

든 해결하려고 하는 그런 강한 자아가 아니다. 그러니까 자신이 미리 만들어 놓은 '합리주의'의 틀을 자기 주위에 둘러 놓고 허약한 자아를 지키려는 것이다.

야마자키에 따르면, 마키아벨리즘은 "그때 그때의 상황에 맞춰 문제를 처리해 가는 까닭에 결과적으로 시간적 통일성이 없으며", 따라서 자신은 그런 마키아벨리즘을 취하지 않는다고 한다. 이러한 주장은, 그때 그때의 상황에 따라 강렬한 자아를 동원해 갈 정도의 자신감이 그에게 없었다는 사실을 고백하는 것이나 다름없다.

그렇기 때문에 그의 합리주의는 확실한 객관적 논리의 힘으로 그 어떤 사태에도 대항해 나가는 것이 아니고, 자신이 멋대로 만든 논리를 가지고 세상을 요리조리 살아가려는 것이다.

그는 좌담회에서 단바(丹羽文雄)의 질문, 즉 인간의 생활에는 '뭔가 애매한 것'이 있다고 생각하지 않느냐는 물음에 다음과 같이 대답하였다. "모두가 말하는 그 애매한 것에 부딪혀 진퇴유곡에 빠져 보고 싶지만," 그런 애매한 게 "나 자신은 없다고 생각합니다"라고 잘라 말한다. 아울러 그 애매한 것에 부딪혀 "자신의 이론이 잘못되었다는 것을 알고 싶지만", "불행하게도 그런 경우를 만난 적이 없다"고 한다.

인간의 생활에는 비합리적인, 애매한 것이 애초부터 존재하지 않는다. 야마자키는 이러한 전제에서 출발하는 까닭에, 사실 그는 그 애매한 것을 '만난 적이 없는' 게 아니고 그저 눈을 감고 그것을 지나쳤을 따름이다. 그에게는 애매한 것이 존재하는지 여부가 중요한 게 아니다. 자신의 '생활체계'에서 그것을 미리 빼놓고 있는 것이다.

그에 따르면 '사악(邪惡), 모순으로 가득 찬 인간'과의 관계 속에서 살아가기 위해서는, '권모술수를 밥 먹듯이 하는 마키아벨리즘'이나 '합리주의' 이외에 달리 방도가 없다.

앞서 지적했듯이 그는 마키아벨리즘으로 밀어붙이는 자아의 강력함을 지니고 있지 않기 때문에 "사회질서의 규범으로서 법칙을 지킨다." 단 '도덕이나 정의의 실재 따위'는 인정하지 않는다고 한다. 그리고 "목적을 위해서는 어느 정도 수단을 가리지 않지"만, "어디까지나 합법적으로 게다가 합리적으로 행한다"는 것이다.

이 경우 그가 말한 '합법'이란 자신이 만들어 낸 '법칙'에 부합되는 것을 이르며, 또한 '합리'라는 것은 자기 식의 '이론'에 두드려 맞추는 것에 불과하다.

그것은 결코 생활의 합리주의가 아니고 처세상의 '계약주의'다. 즉 상식적으로는 비합리적인 것일지라도 일단 계약한 이상은 그것을 철저하게 지킨다는 주관적인 '합법주의'다.

이 계약주의에 대해 그는 다음과 같이 설명하였다. "나는 국제법에 보이는, '합의에 의한 것은 구속력을 갖는다'는 사상을 지키고 있습니다. 그 이외의 도덕은 일절 지키지 않습니다. … 한번 약속한 것은 반드시 이행하지 않으면 안 된다는 것뿐이며, 이는 나의 세계관에 기초한 행동입니다."

그의 합리주의는 이처럼 '나의 세계관'에 기초한 것으로 과학적인 세계관이 토대가 된 게 아니며, 자신의 타산과 이기심에서 나온 일종의 억지에 불과하다.

타산에 대한 변명으로서 억지를 주장하는 것은 전후 청년의 일부에서 종종 볼 수 있는 사이비합리주의이며, 또한 그것은 자신의 행동과 행위를 '합리적' 으로 설명하려고 하는 것이다.

어떤 전후파 여학생은 자신이 불량소녀라 지칭되는 것에 대해 다음과 같이 항의하였다. "나에게는 까닭이 있어 한 행위를 어른들은 이내 불량하다고 합니다. 그렇지만 난 시시한 수업을 듣는 것보다는 다카라즈카(寶塚)[32]의 공연을 보는 게 훨씬 득이라고 생각합니다." "학교에서도 다카라즈카를 초청해 주거나 학교에 호수를 만들어 보트를 타게 해 주면, 나 역시 다카라즈카의 공연장이나 유원지 따위에는 가지 않을 것이며, 따라서 불량한 학생이란 소리는 듣지 않을 것이라 생각합니다."(古谷綱武, 『少年少女から大人への抗議』)

물론 어른이나 아이나 마음속 어딘가에 이와 유사한 '요구' 를 가진 사람이 적지 않을 것이다. 하지만 일단 '이유' 를 붙여 그 '요구' 를 주장하는 것은 전후 눈에 띄게 등장한 사이비합리주의자인 경우가 많다.

매우 극단적인 예를 들어 보면, 어떤 불량 여학생이 매춘 혐의로

32) 가벼운 연극이나 뮤지컬을 여성만으로 상연하는 가극단. 한큐(坂急) 전철의 고바야시(小林一三)가 1913년, 효고(兵庫)현(縣) 다카라즈카초(寶塚町 : 현 寶塚市)에 소녀가창단을 결성한 게 단초.

조사를 받게 되었을 때, "이건 내 아르바이트다. 아르바이트를 하는 데, 머리를 쓰건 팔을 쓰건, 몸의 어느 부분을 사용할 것인지는 개인의 자유다"라고 주장했다고 한다. 이 역시 자신의 행동을 합리화하기 위해 '딱 부러진 흑백논리'를 자아의 주장과 결합시킨 사이비합리주의의 한 예라 할 수 있을 것이다.

이 '딱 부러진 흑백논리'는 전후에 등장한 반사회적 집단, 가령 야쿠자나 매춘부 등의 주장에서도 종종 볼 수 있다. 그들은 자신의 반사회적 생활에 대해 딱 부러지지 않는 뭔가 애매한 기분과 심정을 과감히 버리고, 그것을 당당하게 긍정하려고 한다. 전후 새롭게 등장한 야쿠자의 경우, 예전의 야쿠자들 사이에서 흔히 볼 수 있었던 자벌(自罰)이나 자책과 같은 감정이 없고, 오히려 적극적으로 자기의 행동을 딱 부러지게 정당화하여 '합법성'을 주장한다.

이를테면 오즈구미(尾津組)의 오즈(尾津喜之助)는 '야쿠자도(道)'에 대해 다음과 같이 주장하였다. "나는 감히 내가 '야쿠자다'라고 공언한다. … '야쿠자'란 무뢰한의 무리들인가? 말도 안 되는 소리다. 내가 말하는 '야쿠자도'의 정신은 '자신을 버리고 의(義)를 따르는' 철저한 희생정신 … 이는 기독교에서 말하는 사랑과 통하고 불교에서 말하는 보살의 길과도 통한다 …."

위의 주장에서 음지인간의 어두운 모습은 전혀 찾아볼 수가 없다. 그는 "정당(政黨)이 하면 합법적인 게 불량한 무리들이 하면 비합법적인 것이 된다. 이게 과연 제대로 된 세상인가"라고 암암리에 야쿠자의 합법성을 주장한다. 이러한 주장은 분명 일종의 사회 비판적 성격을 띠고 있으며, 그런 면에서 그의 주장에는 사회에 관한 합리적인 관점이 전혀 들어 있지 않다고는 볼 수 없다.

앞에서 본 야마자키가 자기 식의 '법칙'과 '이론'을 방패로 삼아 자신의 행동을 '합리화'하려고 했던 것처럼, 오즈 역시 '정의'를 잣대로 삼아 자신의 행위를 딱 부러지게 정당화하였다. 그렇기 때문에 "'내가 곧 정의'라고 믿었을 경우, '백만 명이 간다 해도 난 안 간다'는 용기가 나오는" 것이다.

매춘부의 예를 보더라도 역시 '딱 부러진 흑백논리'를 갖고 자신의 행위를 정당화하려는 유형이 적지 않다. 특히 연합군의 점령 초기에는 이른바 '방파제'론이 그녀들의 사이비합리주의를 지탱하는 버팀목이었다. 즉 점령군들로부터 '양가집 자녀'를 지킬 수 있는 것은 "우리들이 희생적인 방파제가 되기 때문"이라는 '이론'이다.

이것 역시 자신을 정당화하고 있는 하나의 논리이긴 하지만, 이보다 더 정직하고 노골적인 형태로 자신을 정당화하는 경우도 있다. 가령 "지금 같은 세상이라면 즐기며 사는 게 덕(德)이다"라든가, "성행위 그 자체에 대해 매우 흥미를 가지고 있으며 또한 그게 돈벌이도 되기 때문에 일거양득이지요"(『街娼—實態とその手記—』)라고 분명하게 수기에 쓴 예를 들 수 있다.

그녀들의 사이비합리주의에서는 득실의 타산과 육체적인 쾌락이 잣대가 되는 것이다.

위와 같은 사이비합리주의가 더욱더 의식적으로 이용된 경우가 전후파들의 처세법인 요령주의다. 요령주의는 종래의 일본적 처세법과는 완전히 다르게, '합리적' 인 계산에 기초하여 인간관계 속에 하나의 '기술' 을 도입하려고 한다. 그 '기술' 은 도덕적인 판단에 바탕을 둔 게 아니고, 오로지 이해타산에 기초한 점수따기라 할 수 있다.

앞에서도 인용한 『これからの上手な生き方』란 책에서는 이 합리적인 처세술의 새로운 유형이 설명되어 있다.

이를테면 타인에 대해 자신을 훌륭하게 보이는 것, 그리고 이와 반대로 타인이 자신에 대해 우월감을 갖게 하는 기술로서 다음과 같은 설명이 보인다. 즉 "자기 자신의 힘으로 자신의 가치를 보여줘라, 때로는 뽐내도 좋다. 또한 경우에 따라서는 남을 즐겁게 웃길 수 있는 작은 실패를 계획적으로 연기해 보라" 고 권유하였다.

특히 후반의 계획된 '연기' 에 대해서는 다음과 같은 자세한 설명이 곁들여 있다. "당신이 만약 빈틈이 없는 사람이고 남들로부터 상당히 신용을 얻었다면, 계획을 확실하게 짜 남을 웃기기 위해 작은 실패를 하는 것입니다. 그게 밑에 있는 사람들에게 사랑을 받고 그들과 친해지는 밑거름이 되며, 또한 윗사람의 경계심을 약화시키는 것이기도 합니다."

또한 일을 하는 경우에도, 성심성의껏 전력을 다한다는 수신(修身)의 마음자세와는 달리 다음과 같은 '부족주의' 가 권장된다. 어떤 일을 하는 데 "처음부터 끝까지 모든 것을 잘 해내면, 그로 인해 신용도 얻을 수 있지만 동시에 의심도 받을 수 있기" 때문에, "일은 아홉까지만 자신의 능력으로 하고 나머지 하나는 윗사람이나 주인이 간섭하고 참견할 여지를 남겨 놓는 게 최상"이라는 것이다.

이와 마찬가지로 놀이에서도 "동료와 놀 때는 신경을 집중시켜, 술을 마실 때도 가능한 다섯 정도로 끝내고 부족한 부분은 따로 홀로 다른 곳에서 보충"하도록 한다.

이러한 처세법 중에서 가장 '합리주의'가 철저한 점은 '뇌물을 받는 방법'이라는 항목이 있다는 사실이다. "출입하는 상인이 뇌물을 가지고 오면 일단 물리치고 그래도 계속해서 강권을 하면 기꺼이 받아야 한다. 그 대신에 … 어떠한 구두 약속" 같은 것도 하지 말고, 혹시 돈을 받았다면 그 돈으로 상인과 함께 놀거나 혹은 뭔가를 사서 보답을 하고, 물건을 받았다면 그에 상당하는 물건을 보낸다. 뇌물을 가지고 오는 것은 호의이기 때문에 그걸 딱 잘라 거절하게 되면 "반감을 사 뜻하지 않은 실패의 원인이 된다"고 주의하였다.

일본에서는 관리를 비롯하여 위아래 할 것 없이 뇌물을 취하는데, 그 수뢰 방법을 당당히 가르치는 처세술 책으로는 아마도 이것이 처음일 것이다. 전후 사이비합리주의의 정점에 이 책을 자리매김해도 좋을 것이다. 저자는 이 책에서 그의 신념을 있는 그대로 드러내고 있다. 전후의 요령주의를 이처럼 정직하게 묘사한 예를 찾아보기 힘들 것이다. "세상을 잘 살아가는 길은 깨끗한 삶을 추구하는 것이 아니며, 살아가는 수단 방법을 아니 그 실태를 어떻게 하여 깨끗하게 보이게 할까 아니 보일 수 있게 할까, 그 기술 여하에 달려 있는 것입니다."

이러한 마음가짐은 어른뿐만 아니라 아이들 사이에서도 확대되고 있다. 그것은 아이들의 정직한 말 속에서도 잘 드러난다. "하지만 학교가 사보타지를 허용하면 학교에 가는 사람이 없을 것이기 때문에, 학생도 결국은 요령있게 그럭저럭 잘 해나가는 것이 상호간에 누이 좋고 매부 좋은 게 아니겠어."(『少年少女からの大人への抗議』)

물론 요령주의는 전후의 산물이 아니고 전전(戰前)의 군대에도 존재했다는 점은 앞에서도 언급했지만, 실은 무사의 마음가짐을 설파한 책에도 꼼꼼히 살펴보면 그러한 예를 얼마간 찾을 수 있다.

일례로 『葉隱』을 보면 무사가 세상을 살아가는 데 도움이 될 만한 기술이 많다. 이를테면 '말다툼할 때의 마음가짐'으로서 "대단히 지당하신 말씀이라 자신을 낮춰 보이고, 상대로 하여금 말을 다 하게 만들어, 그가 승리감에 젖어 과언(過言)을 할 때, 그 약점을 잡아 자신의 생각대로 말해야 한다"고 적혀 있다. 또한 '공사(公事)에 관한 논쟁시에는' "나중에 검토하고 말씀드리겠습니다" 혹은 "아직 검토해야 될 사항이 남아 있습니다"라고 일단 보류해 두고 나서, 여러 사람들로부터 지혜로운 생각을 도움받는 게 좋다고 말하였다. 그리고 겉보기에 '현명하게 보이는' 인간은 "좋은 일을 해도 눈에 띄지 않고 남 하는 정도의 일을 해서는 부족한" 듯이 생각되지만, 얼핏 보아 "온유한 이는 조금만 그럴듯한 일을 하더라도 여러 사람으로부터 포상을 받는다"고 한다. 이 모두가 처세를 위한

테크닉을 말한 것으로, 유학자들이 인의예지신(仁義禮智信)을 가지고 설파한 평생의 점잖은 마음가짐과는 꽤 거리가 있다.

하지만 일본에서는 예전부터 비합리주의와 후술하는 정신주의에서 비롯되는 '지성이면 감천이다' 라는 식의 사고 방식을 줄곧 처세법의 공식처럼 생각해 왔다. 그런 까닭에, 바로 위에서 인용한 것 같은 상식적인 마음가짐은 오히려 '무사의 도리에서 벗어난' 마음가짐처럼 생각되는 것이다. 『葉隱』의 경우 역시, 처세의 요령을 설파한 위의 대목은 전체의 비합리적인 어조(語調)와는 매우 동떨어진 느낌을 준다.

V. 일본인의 정신주의와 육체주의

1. 지성이면 감천이다

비합리주의와 밀접하게 연관된 일본적 심리로서 오늘날에도 일본인들에게 적지 않은 영향을 미치는 것이 정신주의다.

정신주의는 어떤 의미에서 정신이 육체 혹은 물질보다 우월하다는 생각과 그것에 기초한 행동이라 할 수 있다. 일본인들의 경우, 이 정신주의는 다음과 같은 몇 가지 형태로 나타난다.

첫째는 인간의 지혜와 힘의 한계를 넘을 것이라 생각되는 상태에서, '정신력' 이 작용하여 생각지도 못한 초인적인 일을 해 낼 수 있다는 신념이다. 둘째는 정신 작용에 의해 물질적 조건이 바뀔 수 있다는 생각이다. 그리고 셋째로 물질 속에도 정신이 깃들여 있다고 보는 물신성(物神性)의 관념, 혹은 물심일여론(物心一如論)을 들 수 있다.

위에 든 첫 번째의 정신주의에서는, 앞서 본 비합리주의의 입장에서 천명이나 운명이 지배하는, 따라서 인간의 힘으로는 도저히 해결할 수 없는 것이라 여겼던 어떤 사항이나 상황을 정신 혹은 정신력으로 처치할 수 있다고 생각한다.

"정신일도 하사불성(精神一到 何事不成)"이란 표현이나 "지성이면 감천이다", "정신을 집중하면 바위도 뚫는다", "(비천한) 개미의 바람도 간절하면 하늘에 닿는다"와 같은 속담이 그러한 정신주의를 잘 보여 준다. 정신이나 지극 정성을 가지고 하늘, 즉 천명이나 운명을 움직인다는 것은 단지 열의나 노력의 효과만을 말한 게 아니다. 합리적인 지혜나 궁리로 해결할 수 없는 상황을 비합리적인, 어떤 신비한 정신력을 가지고 타개하려는 것이다.

이처럼 인간의 지혜가 미치지 않는 혹은 미치지 못한다고 판단되는 상황에서, 정신이 초인간적인 행동을 계시한다는 정신주의는 일본의 군인들에게서 그 단적인 보기를 찾아볼 수 있다.

가령 『神風特別攻擊隊』의 저자 이노구치(猪口力平: 당시 특공대 참모)와 나카지마(中島正: 당시 비행대장)는 이 책에서 다음과 같이 기술하였다. "이미 사태는 인지(人智)를 넘어선 상태였다. 바로 그러한 상황이기 때문에 지금은 이 청년들의 순정 무구한 정신과 그 정신의 결벽을 지탱하려는 싱싱한 기력을 빼놓고는 달리 기적을 일으킬 만한 여지가 없었던 것이다."

이처럼 이노구치와 나카지마는 "인지를 넘어섰다"고 말했지만, 실제로는 누가 보아도 명백한 일본군의 열세를 어떻게든 만회하기 위해 기적을 바랐던 것이다. 청년들의 '정신'이나 '기력'으로 기적이 일어날 것이라 확신하고 그 특별공격을 강행했다면, 위의 두 사람은 일본적 정신주의의 최악의 대표자라 말할 수 있을 것이다.

하지만 정신주의는 사령관이라든가 당시 명령을 내리는 입장에 섰던 군인들만의 전유물은 아니었다. 『戰艦大和の最期』의 저자 요시다(吉田滿: 소위, 副電測士) 역시 최후의 해전에 즈음하여 정신주의의 마음가짐에 대해 다음과 같이 말하였다. "그 사이 며칠간의 휴식을 통해 회천(回天)의 영기(英氣)를 기르고, 무아의 심경에서 필사의 투혼을 연마하려 한다."

사실, 일본의 군대에서는 필사 혹은 필승의 신념을 갖는 것 그 자체가 과학적인 전쟁 기술보다 우위였다. 전황이 불리해질수록 합리적인 방법은 뒷전으로 밀렸고 그 대신 정신주의에 의한 기적을 기대했으며, 이로 인해 전황이 더욱더 불리해지는 악순환이 생기게 되었다. 이 점에 대해 어떤 육군장교는 자신의 전쟁 경험을 이렇게 말하였다. "… 이는 정신주의의 극치이다. 기책(奇策)이라든가 비술(秘術)이라든가, 제갈공명이 하는 그런 마술 같은 것을 하라고 한다. 그렇다면 그 '마술 같은 것' 이 어떤 것인지, 이 점에 대해선 전혀 언급이 없다. 그저 단지 '하라' 고만 한다."

이처럼 패전이 가까워짐에 따라 과학성보다도 정신주의가, 기술보다도 신념이 중요시되었고, 결국 그것은 '특공대정신' 에 집중적으로 나타났던 것이다.

앞서 든 가미카제 특공대의 이노구치 참모는 전후, 미국에서 온 폭격조사단의 질문에 대해, "원래 가미카제 특공대는 정신적인 데에 그 특징이 있으며, 기술적으로는 보통 일반적인 파일럿의 기술 정도만 있으면 그 목적을 달성할 수 있다" 고 말하였다.

이러한 대답에서도 알 수 있듯이 정신주의에 입각한 군대교육은 과학적, 기술적인 훈련보다 정신훈련을 상위에 두고, 특별공격대조차도 '기술적' 으로는 보통의 '기능' 정도로 괜찮다고 말한 것이다.

또한 군인의 정신수양에서도, 흔히 일본정신이라든가 군인정신은 '합리적으로 설명될 수 있는 게 아니' 라고 얘기되고, 따라서 그것은 어거지로 주입되는 식이다. 게다가 그 교육방법 자체가 이미 정신적인 것이기 때문에, 가령 천황의 말씀을 가르칠 경우에도 자구(字句)에 대한 이해는 생략한 채 오직 그 '감사함' 만을 느끼게 한다. 이를테면 "(천황의) 칙어집(勅語集)에 씌어 있는 문구의 뜻은 … 몰라도 좋으니까 아무튼 읽어라, 읽다 보면 점점 그 맛을 알게 되고, 이윽고 그 말씀이 피가 되고 살이 된다. … (그러니) 매일 매일 읽으라고 교육을 받았다. 이런 교육이 1, 2년 계속되자 뭐가 뭔지는 잘 모르겠지만 왠지 그 말씀이 감사하다는 기분이 들기 시작했다"(『日本の軍隊』) 같은 식이다.

이처럼 잘 알 수 없기 때문에 오히려 '감사하다' 는 게 정신주의가 의도하는 것이며, 그 알 수 없음은 지성이 아닌 '정신' 으로 감득(感得)할 수 있다고 주장한다.

2. 세상만사 마음먹기 나름

정신주의는 둘째로, 정신이 물질적인 조건을 바꿔 나갈 수 있다는 신념이 되기도 한다.

이러한 신념이 생활에 적용될 경우, 물질적인 결핍이나 부족은 정신적인 것에 의해 채워질 수 있다든지, 행복은 마음먹기 나름이라는 이른바 정신적 행복론이 등장한다.

정신적 행복론은 행복에 이르는 가장 쉬운 방법으로, 예로부터 일본에서는 "괴로움도 즐거움도 마음먹기 나름"이라는 말을 강조하였다.

가령 앞서 인용한 천리교의 '멋진 인생' 론에서도, '청천(晴天)의 마음' 으로 그 어떠한 역경 속에서도 "용감히 살아남는다"고 "마음가짐을 바꿈"으로써 멋진 인생이 실현된다든지, 혹은 "지옥과 극락이 어디 있는지는 생각하지 말라, 그것은 각자의 마음속에 있다"고 설파하였다.

또한 어떤 수양서에서는, "정신 세계에서 행복을 얻을 수 있다면 세상살이가 다소 불행할지라도 우리들은 행복"하며, "순경(順境)이나 역경(逆境)은 결코 그 생활의 실상이 아니고 그 사람의 사고 방식, 마음먹기의 방법"이라 말하였다.

하지만 전후의 정신적 행복론에서는, 어떻게 하면 행복감을 누리게 될 수 있는지에 대해서는 많은 것을 얘기하지 않는다. 다만 "못살아도, 아플지라도, 집단 괴롭힘을 당할지라도, 불운할지라도 그 어디에선가 '행복하다'는 감정을 찾아낸다"(二瓶一次, 『生きぬく生活』)고 말할 뿐이다.

이에 비해 일본정신이 정신주의의 중심이었던 전전에는, 일본정신 특히 그 '정화(精華)' 라 할 수 있는 군인정신이 물질적 조건을 지배할 수 있다고 생각하였다. 전쟁중 포로의 식량 문제에 대해, 어떤 포로수용소 소장이 내린 훈시는 그 좋은 예라 할 수 있다.

"전국적으로 식량이 부족하고 물자가 결핍된 현 시국에서, 포로들을 배불리 먹일 순 없다. … 우리 나라엔 고래로부터 일본정신이

있다. 그것이 결정(結晶)된 정화가 군인정신이다. 너희들이 그 군인 정신을 충일시켜 의연하게 포로들을 대한다면, 바로 그것이 포로들의 정신상태를 바로잡아 제아무리 물질문명의 독(毒)에 절은 그들일지라도 스스로 물질에 대한 정신의 우위를 감지할 것이며, 결과적으로 곤궁과 결핍을 이겨내어 영양실조와 같은 연약한 병을 극복함으로써 전면적으로 증산에 협력하게 될 것이다."(『あれから七年』)

이 훈시는 일본적 정신주의가 가지고 있는 물질 무시, 생명 무시의 사고를 단적으로 드러냈다.

일본의 군대에서는 전투중에도, 이러한 정신주의가 물질적 조건에 앞선 '우위'의 존재로 줄곧 강조되어, "전쟁의 운명을 결정하는 것은 물질적 손해보다도 정신적 타격의 대소에 있다"고 인식하였다. 그렇기 때문에 특공대의 어떤 참모는, "적군과 아군의 커다란 전력 차이로 보아 … 조국의 위기가 분명히 도래"할 것이며, "바로 그때야말로 온몸 온 정신을 천황(조국 포함)에게 바쳐 봉사해야 할 것"이며, 따라서 "구미 제국의 국민들에게는 … 오히려 자포자기로 평가되거나 혹은 반칙으로 보일" 것 같은 정신주의의 특공대를 편성했다고 주장하였다. 이러한 주장은, 일본인이 전통적으로 "위대한 권위에 절대적으로 따르고, 일신을 뒤돌아보지 않는 데에 생사의 정신적 기반을 둔다"는 인식에 기초한다. 여기서 전쟁에 참가한 인간의 생명과 군의 물질적 조건은 완전히 무시되어, 그저 '커다란 전력 차이'로 간단히 처리되고 만 것이다.

전쟁중의 정신주의는 아주 극단적인 경우, '영적(靈的) 돌격' 의 형태를 취한다. 전멸된 부대원의 영혼들이 돌격하여 적을 무찌른다는 이 '영적 돌격' 은, 생명이 다해도 승리를 쟁취한다는, 그야말로 정신주의의 극치이다. 예를 들자면, "노몬한(Nomonhan)[33]의 한 고지를 어떤 부대가 공격했는데 그게 실패하여 부대원이 전멸했다. 그런데 어찌 된 영문인지 저쪽이 진지를 버리고 퇴각하기 시작했다. 이에 대해 그 부대의 참모는, '제군들은 이 사실을 어떻게 생각하는가, 영혼들이 지금 돌격을 하는 것이다. 그렇기 때문에 적이 물러가는 게 아닌가' 라고 말한 적이 있다."(『日本の軍隊』)

또한 전멸당했을지라도 "진 게 아니다. 오히려 우리들은 모두 죽어 천상에 올라간다고 생각하는 신앙적인 인간"이라든지, "아튜섬(Attu Island)[34] 옥쇄(玉碎)에서도 … 매우 숭고한 그 무엇인가에 귀일(歸一)했다"고 생각하는 군인들도 많았다. 실제로 패전이 가까워지자 군 지도자들은 소름끼치는 정신주의의 전멸론(全滅論)을 논의하였다. 즉 일본 본토를 방위하기 위해서는 모든 군대가 전멸당하고 국민 전체가 희생될 각오로, "개개의 전장에서는 전멸되고 나서도 또한 '영적 돌격' 을 하고, 나아가 그 '영적 돌격' 이 일본 전국토에서도 이루어질 수 있도록"(『日本の軍隊』) 한다는 논의가 있었

---

33) 중국 동북부의 북서부에 위치한 몽골 접경지역으로, 이곳에서 1939년 5월부터 9월 중순 사이 국경분쟁으로 일본군과 구 소련군이 교전한 결과 일본군이 참패함.

34) 태평양전쟁중에 일본군이 점령한 알류샨 열도의 작은 섬.

던 것이다. 이른바 '죽창전쟁(竹槍戰爭)' 도 이러한 '영적 돌격' 이라는 논리에서 본다면 결코 무모한 게 아니었던 셈이다.

패전 직전, 연합군의 일본 본토 상륙에 대비한 작전의 일환으로 장교들에게 주어진 "'상륙방어교령(上陸防禦敎令)' 에 의하면, … 적군과 아군의 물적 전력이 매우 벌어진 어려운 상황에서 그래도 이기기 위해선 장병들의 위대한 정신력과 강고한 단결"이 필요하며, "장병들은 최후의 한 사람이 될지라도 의연히 필승을 확신하고 본래의 임무에 매진하라"고 말할 뿐, 그 어떤 구체적인 작전도 제시되지 않았다. 이처럼 전장에서도 또한 일상생활에서도 일본적 정신주의는 패배주의의 다른 이름이 되어 버렸던 것이다.

3. 책을 밟으면 벌을 받는다

세 번째의 정신주의는 물질 속에 정신이 깃들여 있다고 보는 물신론(物神論)으로, 이를 세분하면 다음의 두 가지로 나눌 수 있다. 하나는 만물이 정신 혹은 마음을 가지고 있다고 생각하는 넓은 의미의 물신론이며, 다른 하나는 특정한 사물에만 정신의 존재를 인정하는 좁은 의미의 물신론이다.

여기서 광의의 물신론 혹은 범신론에 대해서는 문제삼지 않기로 한다. 왜냐하면 일본적 물신론은 오히려 협의의 물신론에서 그 독특한 모습을 드러내기 때문이다.

이 협의의 물신론은 물질에 대한 이분법에 기초한다. 즉 정신을 구비한 것과 구비하지 않은 것으로 물질을 양분하는 데서 출발한다. 가령 '정신적 노동의 산물'이라 생각되는 어떤 책이 있다면, 대부분의 일본인에게 그것은 정신이 깃들인 존재이지 그저 종이와 활자로 구성된 단순한 물질이 아니다.

그렇기 때문에 책을 단순한 물체로 취급을 해서는 안 된다. 이를테면 책을 베개삼아 낮잠을 잔다든지, 더군다나 책을 발판 대용으로 사용하는 것은 도저히 용납할 수 없는 일이라고 일본인들은 교육을 받아 왔다.

미국인이라면 별로 대수롭지 않게 책을 깔고 앉거나 발판으로 삼기도 하고, 책이 상하지만 않는다면 그 밖의 어떤 용도로도 사용할 수가 있다. 하지만 지금까지 일본에서는 그러한 행위들이 책에 대한 모독으로 인식되었던 것이다.

예로부터 일본에서는 "책 빌려주는 바보, 책 돌려주는 바보"라는 말이 전해 내려온다. 책을 빌려주고 빌리는 것은 다른 어떤 물품의 대차와는 달리, 빌려주는 쪽도 되돌려 달라고 재촉하기가 어렵고, 빌리는 쪽 역시 제 시간에 돌려주기가 쉽지 않다. 이것은 책에 부수된 '정신적' 가치가 당사자들로 하여금 책의 대차를 어떤 특별한 경우라고 생각하게끔 하기 때문일 것이다.

책은 육체노동보다도 '우위'에 선 정신노동의 결과다. 정신주의의 입장에서 말하자면, 책은 '존경받는' 정신적 물질인 것이다.

정신적 산물로서의 책이 소중하게 다루어질 정도이기 때문에 정신적 노동의 장소, 특히 책상은 책 못지않게 소중하게 취급된다. 책상에 걸터앉거나 발을 올려 놓는 미국인들을 흔히 볼 수 있지만, 그러한 행동이 일본인에게는 방정치 못한 품행일 뿐만 아니라 일종의 '모독' 에 가까운 감정을 불러일으키는 것이다.

이처럼 일본인이 특정의 물품에 대해 부여하던 물신성(物神性)은 전후 점차 약화되고 있지만, 천황주의의 일본정신이 만연된 전전에는 천황의 이름으로 그 물신성이 강조되곤 했다. 그 단적인 예는 군대에서 찾아볼 수 있다.

"소총에는 천황가의 문장(紋章)이 새겨져 있다. 그 문장에 녹이 슨 것은 자신의 군인정신이 녹슬었기 때문이다. 이처럼 군인정신의 상징으로서 그것이 존중되고 있었다. … 따라서 소총의 경우 역시 흠집을 낸 부위에 따라 혼나는 정도가 달랐다"(『日本の軍隊』)는 장교의 회술처럼, 소총을 소홀히 다루는 것은 군인정신의 '모독' 일 뿐만 아니라 천황에 대한 불경으로 인식되었다. 게다가 소총은 정신을 지닌 인간으로 의인화하여 취급하는 까닭에, 그것에 흠집을 냈을 경우 인간과 마찬가지로 그 흠집 부위에 따라 상처의 깊이가 다르다. 따라서 흠집을 낸 병사의 죄질 역시 그 흠집 부위에 따라 정도의 차이가 있게 마련이다.

노마 히로시(野間宏)가 쓴 『崩解感覺』이라는 소설에서는 이등병이 소총에 흠집을 내 처벌받는 장면을 다음과 같이 묘사하였다. "38식 보병 소총 귀하, 육군 이등병 오요카와(及川隆一)는 얼빠진 바보천치로 귀하의 소중하신 머리 부분을 실수로 흠집내었습니다.

앞으로는 절대로 그러한 일이 없도록 할 것이니 제발 용서해 주시길 삼가 빌어 마지않습니다." 이는 소총 10296호의 병기를 손보던 중에 그만 흠집을 내어 버린 오요카와가 나무의자로 흠씬 두들겨 맞고 흙바닥에 꿇어 앉은 채 잘못을 비는 광경이다.

병기의 물신성을 체벌로 신물이 나도록 강요당한 채, 인간으로서 최대의 굴욕을 당하는 오요카와는 천황제 하에서 자행된 야만스런 물신론의 희생양이 아닐 수 없다.

군대의 정신주의는 언어가 지닌 물신성의 모습이나, 혹은 그 물리적 효과에 대한 신앙 형태로 나타나기도 한다. 이를테면 육군의 경우, 전시중에 '퇴각'이라는 말은 함부로 쓸 수 있는 말이 아니었다. 아군의 생명과 물질의 피해가 있을지라도, '정신의 우월을 다시 회복할 수 있는 확실한' 전황이 아니고서는 사용할 수 없었다. 그것이 불가능한 상황에서는 퇴각이란 말 대신에 '전진(轉進)'[35)]이란 말을 사용했다. 이러한 예는 언어가 지닌 심리적 영향에 의해 전투력의 물리적인 저하가 초래될 수 있다는 사실을 잘 보여 준다.

또한 오래된 얘기지만, 러일전쟁 무렵엔 '重燒 빵'이라는 단어를 훈독(訓讀)하여 '오모야키 빵'이라 읽었다. 이를 음독(音讀)하여 '주쇼 빵'이라 발음하면, 그 '주쇼'가 '주쇼(重傷)'와 같기 때문이었다. 이러한 예는 너무나도 많다.

물론 언어가 지닌 물신성, 마술성은 군대에만 국한되었던 게 아

35) 앞으로 나아갈 방향을 바꾸는 것.

니다. 미신이 성행하는 화류계라든지 오래된 상가(商家) 등에서는 지금도 많은 은어가 창출된다.

가령 배(梨)를 가리키는 '나시' 란 말이 '나시(無し: 없음)' 와 동하기 때문에 '아리노미(有りの實)' 란 말을 대용한다든지, 혹은 '차(茶)' 란 말이 '오차오히쿠(お茶を引く)', 즉 '손님이 붙지 않는다' 란 표현과 통하기 때문에 '차' 를 가리켜 '데바나(出花)' 라 부르는 게 그 좋은 예다. 또한 '스루(する)' 란 말이 탕진, 손해를 의미하는 까닭에 이를 '아타루(あたる: 성공하다, 당첨되다)' 란 말로 바꿔, '스리바치(すり鉢: 절구)' 는 '아타리바치(あたり鉢)', '스리코기(すりこ木: 절굿공이)' 는 '아타리보(あたり捧)', '스즈리바코(すずり箱: 벼룻집)' 는 '아타리바코(あたり箱)' 로 각각 부른다. 또한 일본 만담에서는 행선지를 묻는 인력거 차부의 물음에 대해, 게이샤가 '오차노미즈하시의 스루가다이' 라 할 것을 '오차노미즈하시의 아타리다이' 라 한다는 우스갯소리도 있다.

뿐만 아니라 1930년대 초반에 일본 정부가 '계획경제' 란 말을 사용하자 사회 일각에서는 '빨갱이(사회주의)' 란 비난이 쏟아졌고, 이에 정부가 '경제계획' 이란 말로 바꾸었던 것도 비슷한 예라 할 수 있다.

일본어의 표현 방식 중에서 언어의 정신주의를 가장 잘 이용한 것은, 천황의 권위를 높이기 위해 특별히 어렵게 만들어진 황실 용어일 것이다. 이 황실 용어는 민중들이 읽을 수 없는 글자로 씌어 있어, 그것을 들어도 도대체 무슨 뜻인지 알 수가 없다. 그 의미 해

독의 어려움이 범접하기 어려운 황실의 위광을 나타내는 데에는 적절했던 셈이다. 이처럼 현대에 이르러서도 언어 자체가 하나의 강력한 정치적, 물질적인 힘이 될 수 있었던 사회는 일본 이외의 이른바 문명국들 중에서는 찾아볼 수 없을 것이다.

4. 충효는 양생(養生)의 보약

일본에서는 비합리주의에 대항하여 과학적인 합리주의가 제대로 발달하지 못하고, 그 대신 사이비합리주의라든가 요령주의와 같은 샛길이 발달했다. 이와 마찬가지로 생활 속에서는 관념적인 정신주의에 대해서 과학적인 유물론이 수용되지 않고 오히려, 정신주의의 과도한 부정 형태인 육체주의의 경향이 전후 눈에 띄게 나타났다.

넓게 보아 육체주의는 두 가지(?) 의미가 있다. 첫째, 인간생활에서는 육체적 조건이 정신의 작용과 함께, 적어도 그것만큼은 중요하다는 사고 방식이다. 그러니까 정신주의의 정신 편중에 소극적으로 반대하는 사고이다. 둘째로는 어떤 의미로 육체의 정신에 대한 우월을 인정하는 사고 방식, 즉 적극적인 육체주의를 들 수 있다.

먼저 소극적인 육체주의는 사실 상식에 속하는 것들로 "배곯고 싸울 수는 없다", "금강산도 식후경", "죽고 나서 어찌 꽃구경이 가능하겠는가" 등과 같은 속담들이 그것을 대변한다. 이 너무나도 당연한 속담들이 예나 지금이나 그다지 품위있게 들리지 않는다는 사실이야말로 정신주의가 일본인의 생활 속에 뿌리 깊게 자리잡고 있다는 반증이기도 하다.

일본의 작가나 학자 중에는 오늘날에도 책상 앞에 반듯이 앉아 바른 자세를 갖추지 않으면 글을 쓸 수 없다는 이들이 많은데, 이는 육체를 엄격하게 옥죔으로써 정신을 가다듬으려는 정신주의의 유습이라 할 수 있다.

하지만 상식적인 육체주의에 따르면, 정신을 집중시켜 일을 하기 위해서는 육체의 조건 역시 좋게 해 둘 필요가 있다. 즉 몸을 편하게 그리고 예절을 무시하고 가능한 한 심신이 아주 편한 상태에서 일을 하는 게 좋다. 그렇기 때문에 고행이라든가 목욕재계와는 거리가 먼, 맛있는 것을 배불리 먹고 밖에 나가 운동을 함으로써 몸을 단련시키는 게 정신노동에 도움이 된다고 생각한다.

정신주의의 입장에서 본다면 이러한 육체주의는 '안일에 빠진', '칠칠치 못한' 행동거지로서, 이른바 마소처럼 퍼먹기만 하는 우음마식주의(牛飮馬食主義)로 멸시당하고 배척을 당하게 되는 것이다.

일본의 학교 교육, 특히 국공립 학교의 교육은 줄곧 이 정신주의를 기초로 해 왔기 때문에, 예전에 교육을 받았던 이들은 지금도 구김살없는 자유로운 교육법에 대해 못마땅해 하는 경향이 있다. 이처럼 육체의 자유를 쓸데없이 압박하는 데서 자유로운 정신은 결코 성장할 수 없다. 지금까지 일본의 교육이 저지른 커다란 잘못 중 하나는 건강한 육체주의에 반하는, 이 비뚤어진 정신주의였다.

물론 예전의 수양서 중에서도 육체의 조건에 대해 꼼꼼하게 배려하는 책이 있는 게 사실이다. 가령 앞서 인용한 가이바라 엣켄의 『養生訓』 등에는 정신의 수행을 설파한 '심술론(心術論)'과 함께 '양생술(養生術)'에 대해서도 언급하였다. 하지만 그것은 '외(畏: 두려워하다)'라는 한 글자에 기초한 정신주의적인 것으로, 요컨대 "천도(天道)를 경외하여 삼가 따르며, 인욕(人欲)을 두려워하여 삼가 감내"하는 게 양생의 원칙이 된다. 이를 금욕(禁慾)이라고까지는 말할 수 없지만 절욕(節欲)이라 할 수 있으며, 이 정신수양에 의해 소극적으로 건강보다도 먼저 위생, 양생을 도모하는 게 순서이다.

가이바라 엣켄의 『養生訓』뿐만 아니라 도쿠가와 시대의 수양서에는, 정신의 향상이 건강에도 좋다는 독특한 도덕위생론이 적지 않게 보인다. 이 도덕위생론은 달리 말해 정신적 육체주의라 불러도 좋을 것이다.

가령 『續鳩翁道話』에서는 이 도덕위생론을 다음과 같이 설파하였다. "충효(忠孝)를 다하는 모든 인간, 추위와 더위도 쉽게 그의 몸을 아프게 할 수는 없다. 왜냐하면 늘 정신이 충일하여 자그마한 틈새도 없는 까닭에 추위와 더위도 그 허를 엿보지 못할 것이며 … 충효는 그저 좋은 것이라고만 말하려는 게 아니다. 첫째는 몸의 양생, 장수하는 묘술이 아니겠는가 …."

이와 같이 무사도 관련 서적이나 그 밖의 수양서들과는 그 취지를 달리하여, 충효가 도덕적으로 "그저 좋은 것이라고만 말하려 드는 게 아니"고, 몸에도 좋은 '묘술'이라 추천하였다. 이는 정말이지

실리를 중시하는 상인의 도덕론답게, 유학자들의 정신주의에 대해 육체주의로 기우는 것을 너무나도 선명히 보여 준다는 점에서 흥미롭다.

또한 이 책에서는 수양법으로서의 심학(心學)을 가리켜 '한평생 몸을 지키는 좋은 수단' 이며, 게다가 도중에 가마를 타고 가는 안락함에 비해 이것은 '한평생 안락해지는 법' 을 '운임도 받지 않고 일러주는' 것이기 때문에, '졸음을 꾹 참고 잘 들어주십사' 라고 말하였다. 이처럼 거저 일생이 안락해지는 것이니까 졸음을 참고 잘 들으라고 이르는 것 역시 육체에 대한 배려라 할 수 있으며, 이 점에서 정신주의 수행과는 동떨어진 상인다운 마음자세를 읽을 수 있을 것이다.

5. 몸뚱이가 유일한 자본

다음으로 적극적 육체주의는 육체가 정신보다 우위에 있다고 보는 사고 방식으로, 이를 다시 나누면 육체적인 조건을 생활 속에서 강조하는 경우와 성욕 혹은 육체적인 쾌락을 중시하는 경우로 양분된다.

먼저 전자의 경우와 관련하여, 일본인의 일상생활에서는 아직도 정신주의가 여러 가지 면에서 침투하고 있는 까닭에, 육체적인 조건을 강조하는 미국의 사회심리가 좀 이상하게 느껴질 때가 있다.

가령 미국에서는 어떤 한 인간을 평가하거나 소개할 때, 그 사람의 육체적인 조건에 대해서도 언급을 한다. 그렇기 때문에 미국의 『人物評論』이나 『代名士傳』에서는 대개 기사 끝부분에, '그는 몇 피트 몇 인치의 신장에 체중 몇 파운드, 무슨 색의 눈과 머리'를 하고 있다거나, 경우에 따라서는 목소리의 좋고 나쁨까지 적기도 한다.

이는 유럽에서 볼 수 없는 미국적인 사회심리다. 육체에 대한 이러한 많은 관심을 우리는 일종의 육체주의라 부를 수 있을 것이다. 미국의 개척 시대에는 자연과 투쟁할 수 있는 강인한 체력이 중요했던 만큼, 그것이 하나의 전통이 되어 현대생활에까지 이어져 오는지도 모른다. 아울러 미국인의 숫자 선호, 계량 선호도 그 배경의 하나가 되었다고 생각한다. 미국의 지능검사에서는 상식 문제로 "미국 부인의 평균 신장은?"이라는 물음이 있을 정도로, 육체적 조건에 대한 지식이 널리 퍼져 있다.

또한 미국인들은 남녀 불문하고 남의 얼굴에 대해서도 일반적으로 관심이 많다. 미국 책에는 반드시 저자의 사진이 들어 있다는 사실이 그것을 말해 준다.

일본에서도 전후에는 미국의 영향을 받아 위와 같은 육체주의가 점차 강해지고 있다. 가령 전후에 나온 책들을 보면, 미국처럼 저자의 사진을 넣는 경우가 늘고 있다. 일본적 정신주의의 심리적 전통에 따르자면, 책은 저자의 정신노동의 산물로 저자가 어떤 모습을 하고 있는가는 전혀 문제가 되지 않는다. 전전의 독자들은 책의 저자에게 '정신적'으로 접근했으며, 저자 개인의 육체적인 조건은 문제삼지 않았던 것이다.

육체주의는 또한 문예잡지라든가 종합잡지의 표지에 작가나 명사의 사진을 늘어놓은 데서도 찾아볼 수 있다. 이러한 현상은 독자가 작품을 통해서만 작가를 이해하는 데 만족하지 않고, 사진을 통해 작가의 개인적인 모습을 보고 싶어한다는 증거라 할 수 있다.

남성 복장에서도 옷깃을 연 여름용 셔츠라든가 반바지 등은 경제적인 이유도 있겠지만, 정신주의의 허례를 버리고 육체적으로 안락한 조건을 생활 속에 도입한다는 의미에서 역시 육체주의의 영향이라고 생각한다.

또한 생활 그 자체 속에서, 육체가 정신보다 우월함을 인정하는 육체주의는 커다란 사회 현상으로 현대 일본인의 심리에 많은 영향을 끼치고 있다.

이러한 육체주의는 무엇보다도 전쟁과 전후의 생활 경험에서 터득된, '육체와 체력이 유일한 자본'이라는 신념에 기초한다. 아울러 '정신력'에 매달려 온 일본의 군대가 물량과 영양이 풍부한 미군에게 패했다는 사실, 이에 대한 반성도 육체주의의 신념을 강화시키는 데 일조하였다.

오직 육체만이 생활의 버팀목이라면, 체력이 생활력의 대부분 혹은 전부가 되어, 당연히 그것이 정신적인 능력보다도 상위에 놓이게 된다.

이와 관련하여, 전후의 문학작품에서는 씩씩한 체력의 소유자가 육체주의의 대표선수로서 종종 묘사되었다. 가령 전쟁에서 돌아온 어떤 병사는 "… 무슨 짓을 해서라도 먹고 살아가는 걸 보여 주겠다는 기백도 있다. 아무튼 이처럼 혼돈스러운 현실에서 자신의 육체를 가지고 몸으로 부딪치지 않으면 내 자신의 새로운 출발은 없다"(田村泰次郎, 『霧』)고 말한다.

이처럼 전선의 병사들에게는 육체의 활동만이 살아 있다는 증거이며, 정신 활동은 생존에 아무런 도움이 되지 않는다. 그렇기 때문에 "자기 자신이 살아 있다는 것을 확인하기 위해 퍼먹고 마시고 잤으며", 또한 "적과 싸우고 계집의 몸뚱이를 좇았다. … 그리하여 내 자신이 살아 있다는 사실에 도취되었던"(위와 같음) 것이다.

공습에 쫓기는 대도시 지식인의 경우 역시 정신활동은 오히려 생존에 방해가 되기 쉽고, "큰 마음 먹고 군대에 잡혀가, 정신적인 괴로움에서 벗어날 수만 있다면, 빗발치는 총알이나 그 어떤 굶주림도 오히려 태평스러울 것이라고 생각한 때조차 있을 정도였다"(坂口安吾, 『白痴』)는 게 당시의 현실이었을 것이다.

이처럼 전선에서 육체를 가지고 싸우는 자는 살아 있음을 확인하기 위해 육체주의자가 되고, 본토의 후방에서 정신노동을 하는 자는 생각하는 것을 멈추기 위해 육체주의로 기울어진다.

그리하여 패전을 맞이하자, 전쟁중의 육체주의는 패전의 혼란한 세상을 살아가기 위한 생활력으로서 육체를 중시하는 사회심리로 바뀌어 갔던 것이다.

매춘부는 육체주의의 실행자인 까닭에, 그녀들 사이에서는 당연히 체력이 뛰어난 남성이 생활력의 소유자로서 존경을 받게 된다. "그녀들과 같은 패거리에서, 그 살기 위한 투쟁력을 넘쳐날 정도로 지니고 있는 이부키(伊吹新太郎)와 같은 사내는 어쩐지 의지할 만한 존재였다. 모두 외경의 눈으로 그를 바라보았다."(田村泰次郎, 『肉體の門』)

이 육체주의자는 자신의 체력과 생명력이 용솟음치는 대로 자기의 욕망을 힘으로 채우며 인생을 강하고 끈기 있게 살아가려고 한다. 그는 "자신의 육체가 지닌 끈기를 거의 자신의 신념대로 표출하고 있었다. 또한 자신의 육체 속에 존재하는 꿋꿋한 생명력을 확실하게 자각할 수 있었다. 그에게는 절망이 없었다. 끊임없이 자신의 내부에서 발동하는 생명의 숨결과 충동대로 살고 있었다. 이처럼 명랑하고 낙천적인 사내는 좀처럼 보기 드물다."(『肉體の門』)

체력뿐만 아니라 금력, 권력 등과 같이 '△력(力)' 과는 인연이 먼 전후 일본인의 대부분은, 자신이 가질 수 없는 힘의 소유자에 대해서는 부러움과 함께 존경심을 품고 있었다. 이를 '힘의 신앙' 이라 불러도 좋을 것이다.

'힘의 신앙' 은 도덕적, 사회적인 가치 여하를 불문하고 아무튼 힘이 있는 자, 힘이 있는 상태를 찬미하는 것이다. 그렇기 때문에 뻔뻔함이나 '강심장' 조차도 힘의 표출로서 높이 평가된다. 특히 오늘날 자신의 무력함을 느끼고 있는 자들에게는, 그것들이 반감이나 원망으로 받아들여지는 것이 아니라 오히려 적극적인 장점으로 받아들여진다.

이 '힘의 신앙', 강자에 대한 찬미는 반드시 전후의 독특한 사회심리라고 볼 수는 없다. 어떤 의미에서 민중에게 무력감이 존재할 경우, 그것을 대리 충족시켜 줄 수 있는 힘의 소유자에 대해 동경이 생기게 마련이다.

나가이(永井荷風)는 1936년에 쓴 『濹東綺譚』의 「작품후기」에서, 진다이(神代臭葉) 옹(翁)의 말을 빌려 당시의 사회심리에 드러난 '힘의 신앙'을 다음과 같이 묘사하였다.

"그러나 지금 세상에서 벌어지는 어떤 것도 정력(精力) 발전의 한 현상이라고 본다면 암살이나 간음, 그 밖의 무슨 일이 일어나든 그다지 눈살을 찌푸릴 만한 게 못 된다. … 스포츠와 댄스의 유행, 여행과 등산의 유행, 경마와 기타 도박의 유행, 이 모든 게 욕망이 발전하는 현상이다. … 타인보다도 자기가 잘났다는 사실을 남들에게 알리고, 또한 나 자신도 그렇다고 믿고 싶은 그런 심정이다. 그러니까 우월감을 느끼고 싶다는 욕망이다. … 바로 이 점이 다이쇼 시대에 성장한 현대인과 우리 세대의 차이이다."

위의 인용문에 보이는 '정력 발전'에서 그 정력은 스포츠와 댄스, 여행, 등산, 도박 등에 쏠리고 있음을 알 수 있으며, 따라서 여기서 말하는 '정력 발전'이란 요컨대 여가활동과 다르지 않다. 특히 댄스라든가 도박의 유행은, 민중의 에너지가 제대로 배출될 수 있는 정치, 문화, 학문 등의 배출구가 없었던 탓에 일어난 현상이며, 결과적으로 민중들의 힘에 대한 신앙은 그러한 장소에서 만족되는 것 이외에 달리 뾰족한 방도가 없었던 것이다. 위의 글에서 나가이는 "뒷골목의 생선초밥집에서도", "현대인(1930년 당시의 사람들)이 … 얼마나 서로가 잘났다고 심하게 다투는가"를 잘 알 수 있다고 말하고, 전후의 풍경과 너무나도 닮은 그 모습을 다음과 같이 묘사하였다.

"그들은 실내(店內)가 북적대자 홀연 가자미눈을 뜨고, 빈자리를 하나 발견하고선 곧바로 사람들을 밀쳐내고 그곳을 향해 돌진한다. … 기차 안의 빈자리를 차지하기 위해서라면 플랫폼에서 여자아이를 철길로 밀어뜨리는 짓도 마다하지 않는다. …" 그렇지만 나가이는 이 1930년대 당시의 '현대적 우월감'을 예전의 태평스러운 생활과는 너무 다른 야박한 세상 탓으로 돌리고, '도보로 통학했던' 이전의 메이지 시대 사람들과 '초등학교 때부터 붐비는 전차에 뛰어오르는' 현대인들의 차이에서 그 원인을 찾고 있다.

하지만 그러한 다망함과 생존경쟁의 치열함만으로는 댄스와 도박의 유행을 설명할 수 없다. 역시 생활고를 배경으로 한 여러 가지 불평 불만 때문에 사람들은 자신도 모르게 점점 경쟁적, 공격적인 습성을 갖게 되는 것이다.

위에서 본 사람들의 경쟁적, 공격적인 모습은 오늘날에도 목격할 수 있다. 1분만 기다리면 버스나 전차를 편안히 탈 수 있을 터인데도 서로 앞을 다투어 밀치고 당기고 야단 법석이다. 그게 오히려 시간을 더 잡아먹는 건 말할 나위도 없다. 현대인은 부글부글 끓어오르는 불평 불만 때문에 늘 안절부절못하며, 일상생활 속에서 불필요하게 벌어지는 아웅다웅과 아귀다툼은 바로 그것이 폭발한 것이다.

이러한 우월경쟁은 사람들이 마음속에 열등감이나 무력감을 가지고 있기 때문에 일어나는 현상이기도 하다. 자신의 열등함과 무력함을 조금이나마 잊어버리고 일시적이나마 우월감을 느끼기 위해서는, 남을 밀쳐내고 도박을 걸고 또한 승부에서 이기면 되는 것이다. 바로 여기에 '힘의 신앙' 이 발생하는 심리적 원인 중 하나가 있다.

이와 같은 심리에 대해 나가이는 1938년에 발표한 『女中のはなし』에서 다음과 같이 썼다. "일상의 잡담에서도 지금까지 세상이 평화롭던 시절에는 전혀 들어본 적이 없는 새로운 말들을 수없이 듣게 되었다. 그중에서도 가장 많이 되풀이된 것은 '강하게 살자' 라든가 '강해져라' 란 말이다. 하지만 이 말은 경우에 따라서는 어쩐지 그 반대의 뜻으로 쓰인다는 생각이 든다."

나가이는 그런 예의 하나로, '뒷골목 술집에서 들은 유행가' 를 들고 있다. 즉 "… 하게 되어 있는 대로밖에 되지 않아요 / 슬프게 지는 석양일지라도 / 내일이 되면 떠오르지요 / 강해지세요 / 당신 / 강해지세요"라는 노래다. 이어 가정부 에미코(惠美子)의 다음과 같은 말로 이 얘기의 끝을 맺고 있다. "세상에서 말하는 일종의 강자(强者)로 … 슬프게 지는 석양도 하룻밤 지나면 또다시 밝게 떠오른다고 생각하고, 울다 지쳐 잠이 들어 버리는 강자인 모양이다."

나가이는 '강자의 찬미' 라는 표현도 사용하지만, 위와 같은 에미코의 말은 그 심리적 토대로서 약자의 무력감이 존재한다는 사실을 잘 보여 준다. 오늘날 매춘부와 불량청년, 벼락부자, 강도 등의 생활력은 '힘의 신앙' 이라는 측면에서 본다면 역시 하나의 가치이며, 적지 않은 사람들이 그들의 처신에 대해 분노와 증오를 느끼기는커녕 은근히 부러움과 동경을 갖기조차 한다. 그들의 이른바 반사회적 행동이 옳고 그르다는 사실보다도 오히려 그러한 행동을 감히 저지를 수 있는 왕성한 실천력과 생활력에 눈이 팔려, 그 힘에 감동해 버리기 때문이다.

그렇기 때문에 그 힘이 다소라도 자신에게 구비되어 있다고 자신감을 갖고 싶은 인간은 어떤 형태로든 그것을 발휘하려 든다.

가령 "자신이 지닌 능력의 한계를 시험해 보고자 했던" 히카리 클럽의 야마자키는 "무리하게 생명을 건 돈벌이에서 인생의 스릴을 경험"하고 싶었고, 또한 "50년의 생명을 이 한 달에 거는 왕도박, 아름다운 생명의 완전연소를 맛보고 싶었던" 것이다.

앞에서도 지적했듯이 자기 자신의 힘을 시험해 보고 싶다고 한 야마자키는 '힘의 신앙' 의 맹신자였다. 하지만 그 자신은 연약한 자아의 소유자이며, 바로 그렇기 때문에 스스로를 강자라고 단단히 마음먹고 싶었던 것이다. '힘의 신앙' 은 무력자(無力者)의 신앙인 것이다.

6. 색정(色情)의 근본은 욕망

다무라(田村泰次郎)의 육체문학은 생활력으로서의 '힘의 신앙'

을 매춘부나 야쿠자의 세계에서 찾았다. 그에 따르면 인간의 생활에서 '육체만이 진실'이며, 그로 인해 "비로소 자기가 살아 있음을 자각한다." 따라서 "자신의 육체 이외에 그 어디에도 사상은 존재하지 않는다"고 한다.

이러한 육체주의는 당연히 육체적인 요구인 성(性)과 결합되어 성적인 육체주의가 된다.

성적 육체주의 혹은 성욕주의는 먼저 전전의 일본 사회에서 부당하게 억압되어 왔던 연애와 성의 해방 문제를 제기한다. 이 문제를 봉건적인 성도덕으로부터 해방이라는 측면에 국한하여 본다면, 성욕주의는 건강한 요소를 포함하며, 따라서 그것을 일률적으로 성적 퇴폐로 비난하는 것은 공평한 시각이 아니다.

물론 성의 해방은 지금까지 볼 수 없었던 스트립 쇼라든가 금서(禁書), 저속한 불량잡지, 에로 석간지 등의 출현에 따라 지나치게 퇴폐적이었다. 하지만 사카구치(坂口安吾)의 지적처럼, 성의 해방을 "도덕, 퇴폐라 … 개탄하는 것은 세상 물정 모르는 잠꼬대"이며, 아무리 "질서가 잡힌 사회일지라도 그 이면(裏面)에는 성적 '퇴폐'가 항상 존재해 왔는데, 패전 후에 그것이 표면으로 노출된 것뿐"이라고도 볼 수 있다.

다만 성적 퇴폐가 사회의 이면에 존재하는 경우와 표면에 존재하는 경우, 이 양자 사이에는 커다란 차이가 있다. 마치 고름이 몸속에 고여 있는 경우와 밖으로 터져 나온 경우의 차이와 같다. 성적 퇴폐는 물론 곤란하지만, 한편 그것을 고름이 터져 나오는 과정으로 본다면 어느 정도 불가피한 것이기도 하다.

성의 해방 특히 성에 대한 지식의 확대는, 그것이 올바른 방향으로 간다면, 어른에게도 좋은 성교육이 된다. 스트립 쇼는 지금까지 은폐되어 온, 여성의 육체에 대한 호기심을 충족시켜 준다. 여기서 말하는 호기심이란 단지 성에 국한되는 게 아니고, 민중들이 패전 때까지 자신들에게 알려지지 않았던 사실에 대해 알고자 하는 욕구이자 '사실에 대한 집착'의 표현이기도 하다. 그저 단순히 호색에서 비롯된 마음이 아니다. 요즈음에야 비로소 구경꾼들은 스트립 쇼를 보면서 야유를 보내기도 하고 웃기도 하지만, 그것이 처음 들어왔을 때는 '엄숙한' 얼굴로 어떤 신비한 것을 탐구하는 마음 자세로 임했다. 외국의 스트립 쇼 분위기와는 매우 다른 모습이라 할 수 있다. 일본의 어른들은 근래에 와서야 비로소 스트립 쇼의 성교육에서 졸업을 하고 편안하게 그것을 볼 수 있게 된 것이다.

이른바 외설서적이라든가 에로잡지도 한편으로는 여러 가지 해악을 초래하는 모양이지만, 역시 어른들이 점차 그 정도의 에로티시즘을 졸업하고 올바른 성의 해방으로 향하기 위한 과정으로서는 좀 불가피한 면도 없지 않다. 『채털리 부인의 사랑』에 대한 재판기록이나 독자들의 의견을 보더라도 성에 대한 상식은 전전에 비해 높아졌고, 또한 올바른 방향으로 향하고 있는 게 사실이다.

성욕주의는 전후 청년들이 가진, 인간 일반에 대한 불신감과 결부되어 나타나기도 한다. 다른 인간을 신용할 수 없다면, 의지할 데는 오직 자신밖에 없다. 자기 자신이 살아 있다는 것, 자아의 존재를 확인할 수 있는 유일한 증거는 육체라는 사실뿐이다.

가령 고타니(小谷剛)의 『確證』에 등장하는 청년 의사의 경우, "6년간 썩은 생선과도 같은 생활"이 "자아를 바탕으로 한 투쟁"에 의해 지탱되었으며, 그 자아의 "승리를 결정하는 유일한 '확증'이 바로 육체의 획득이었다"고 한다.

자아의 주장은 정신에 의해 뒷받침되는 게 아니고, '육체의 획득'에 의해 확보되는 것이다. 이처럼 "육체를 통해 정신을 회복한다"는 것이 비록 근거없는 개똥철학이라 할지라도, 전후의 육체주의 문학에서는 공통된 주장으로 나타난다.

다나카 히데미쓰(田中英光)는 『愛と憎しみの傷に』란 소설에서 자신과 매춘부의 결합을 다음과 같이 말하였다. "그 피부가 팽팽한 조그마한 육체를 조용히 어루만지면서, 나는 우리들의 애정이 처음엔 육욕의 만족감뿐이었던 게 이제 와서는 격정적인 정신적 애정의 만족감까지 수반하고 있다는 사실을 점차 깨닫고 …."

다나카는 또한 『離魂』이란 소설에서도 여성과의 관계를 다음과 같이 말하였다. 나는 서른 여섯 살 때까지 '육체의 사랑'을 모르고, "연정을 느끼는 여성에게는 오히려 육욕을 생각하지 않으려 든" 정신주의자였지만, "사랑이란 남녀가 자신의 치부를 서로 보이는 것이며, 또한 거기에 인생에 대한 구원의 손길이 존재한다고 생각하게 되어", "여성의 알몸에 압도"되었던 것이다.

다나카뿐만 아니라 대체로 일본인의 연애관에는 정신주의적인 요소가 매우 강하다. 예전부터 창녀의 이른바 "몸은 팔아도 마음은 팔지 않는다"는 말이 있듯이, 일본인은 육체적인 성행위와 정신적인 연애를 일단 분리하여 생각하려 든다. 또한 육체적인 관계를 포함하지 않는 플라토닉 러브가 가능하며, 이 정신적인 사랑이 육체적인 조건을 포함하는 연애보다도 '고상하다'는 생각 역시 좀처럼 떨쳐내질 못한다.

이로부터 비록 육체적인 관계가 있을지라도 정신적으로는 '순결'을 유지할 수 있다는 견해도 나오게 된다. "처녀냐 아니냐는 단 하나의 사실에 순결이 달려 있다고 생각하는 까닭에, 그것을 잃게 되면 모든 순결이 상실되어 버리지요. 그래서 밤거리의 여자가 되는 거예요. 하지만 당신, 순결이란 그렇게 값싼 게 아니에요. 영혼, 정신에 속하는 것이에요. 일본의 마누라들은 … 그까짓 몸뚱이야 어찌 되었건, 남편 대여섯쯤 바꿔 탄다 해도 순결을 영혼 속에 가지고 있으면 되지 않겠어요."(『青鬼の褌を洗う女』)

'순결'이라든가 '불순(비순결)'이 물론 육체적인 조건만으로 결정되는 것은 아니겠지만, 그렇다고 '순결'이란 게 과연 육체관계 여부와 아무런 상관이 없다고 말할 수 있을지는 의문이다. 아무튼 '순결'이라는 말 자체가 다분히 정신주의적인 뉘앙스를 가지고 있고, 문부성과 같은 일본의 관청에서는 '성교육'이란 용어 대신에 '순결교육'이란 말을 사용하긴 하지만, 그 밑바탕에는 역시 육체관계는 '불순'하다는 사고가 깔려 있다고 생각한다.

성에서의 정신주의는 매춘부의 경우에도 찾아볼 수 있다. 매춘행위는 거래로서 허용하지만 육체의 쾌락은 죄악이라는 사고가 바

로 그것이다. 가령 앞서 든 『육체의 문(肉體の門)』에는 다음과 같은 기술이 보인다. "관능의 감각을 모르는 그녀들에게는, 그저 육체를 파는 행위는 죄가 아니다. 그것은 어디까지나 하나의 거래에 불과하다. 그녀들의 죄는 돈을 받지 않고 황홀한 육체의 비밀에 빠져드는 것이다."

이와 관련하여 매춘부를 상대로 한 육체의 거래는 허용되지만, 매매를 떠난 육체관계는 부도덕하다는 견해가 예전부터 있었다. 예를 들어 시키테이 산바(式亭三馬, 1776~1822)의 『浮世風呂』에서 남자의 외도에 대해 부인이 다음과 같은 의견을 말한다. "계집을 사는 것은 대개 정도라는 게 있어 괜찮지만, 지모노(地もの)를 좋아하는 난봉꾼은 성악(性惡)하여 안 되지요. … 남자라면 남자답게 돈을 써서 물건을 사고 파는 게 좋지 않겠어요." 인용문에 보이는 '지모노'란 매춘부가 아닌 아마추어 부인을 말한다.

이른바 매춘부의 육체를 돈으로 사는 것은 바람피우는 것도 아니고 또한 부도덕한 것도 아니다. 오늘날에도 상류층 부인들 사이에서는 이런 구태의연한 사고가 통용되는 모양이고, 도덕의 '퇴폐'를 부르짖는 '훌륭한' 사람들 사이에서도 기생놀이와 축첩은 허용된다. 이 역시 성의 정신주의가 낳은 엉뚱한 착각의 하나다.

그런데 정신적인 연애를 부정하고, 연애가 정신과 육체의 두 가지 면을 포함한다고 보는 견해도 있을 수 있다. 이는 연애의 정신주의를 부정하는 것이며, 연애에 대한 육체주의적인 관점이라고 할 수 있을 것이다.

이런 견해는 연애의 정신주의 입장에서 본다면 육욕주의나 호색(好色)이라 생각할지도 모르지만, 연애가 육체의 욕망을 바탕으로 성립한다는 생각은 이미 모토오리 노리나가(本居宣長) 등의 사상에서도 분명하게 드러난다.

가령 1763년에 쓴 『石上私淑言』에서 모토오리 노리나가는 연가(戀歌)에 대해 다음과 같이 논하였다. 즉 "색정(色情)을 생각하는 것도 그 근본은 욕망에서 나오는 것, 특히 정(情)에 끌리는 마음에서 살아 있는 모든 존재는 벗어날 수 없으며", "색(色)을 좋아하는 것은 예나 지금이나 여기나 저기나 매한가지"라고 단언하였다. 그리고 법사(法師)에게 연가가 많은 까닭에 대해, 스님은 "처도 없고 이 욕망을 늘 삼가고" 있으며, 그 "(색정의) 생각이 이루어져야만 하는 상황이 되면" 내공(內攻)[36]하기가 쉽기 때문에 "속세의 인간보다도 더욱더 사랑의 노래는 비애의 모습을 띠어야만 하는 것"이라 설명하였다.

모토오리 노리나가는 사랑의 알맹이를 '욕망'과 '정'으로 나누었지만, 그 '근본은 욕망'이라 말함으로써 연애의 육체주의를 주장한 것이다.

그런데 이처럼 연애가 성욕과 애정에 의해 성립된다고 보는 것은 왠지 고상한 연애에다 '외설'을 덧붙이는 게 아닌가? 오늘날에

36) 주로 심리학에서 사용하는 말로, 어떤 정신적 결함이나 타격이 표면에 나타나지 않고 속으로만 퍼져 가는 것.

도 이렇게 생각하는 사람이 많은 모양이다.

그렇기 때문에 여자가 애인을 차 버리고 다른 남자와 결혼할 때, "비록 결혼은 하지만 마음만은 당신 거예요"라고 말하면, 상대방의 남자는 "실연은 했을지라도 연애의 승리자는 나다"라고 착각 아닌 착각을 하는 경우가 많다. 다음에 인용할 야마다(山田耕)의 경우처럼 여자의 그러한 이별사를 달갑게 생각하지 않는 사람이 오히려 예외일 정도다.

야마다의 애인이 다른 남자와 결혼할 때, "'지금도 당신을 사랑하고 있어요. 비록 몸은 다른 남자에게 맡길지라도 영혼은 당신의 것이에요 …' 라는 편지가 왔다. 그래 나는 에이 개똥이나 처먹어라고 말하고 싶었어요. 도대체 몸과 영혼을 어디서 어떻게 구별한단 말입니까"(『킹(*KING*)』 1953년 8월호)라고 야마다는 말하였다. 이러한 발언은 연애의 육체주의로 일본인에게는 좀 저질스럽게 들릴지도 모르겠다. 하지만 앞서 본 모토오리와 같은 옛날 사람도 연애가 지닌 육체와 정신의 양면적 전체성을 보려는 관점을 확실히 주장했으며, 필자 역시 오히려 그러한 관점이 건강한 연애관이라 생각한다.

다자이(太宰治) 역시 『찬스』라는 유머러스한 소품에서, 위의 야마다와 같이 연애의 정신주의를 비웃고, 그 육체주의적인 정의를 다음과 같이 말하였다. "같잖은 년이 '우리 연애 감정 없는 애정관계를 유지해요. 당신은 내 오빠가 되어 주었으면 좋겠어요' 라고 잘도 지껄여대지만, … 계집이 그런 말을 할 때는 대개 남자가 차이게 마련이다. … '사랑해요' 고 뭐고 그런 게 남아 있겠어. 뭐 오빠라고? 개똥 같은 소리 하고 자빠졌네. 누가 니 오빠가 되어 준다고 그랬어, 말도 안 되는 소리 하지도 말아", "연애, 그건 호색의 감정을 문화적으로 새롭게 고쳐 부른 것. 즉 성적 충동에 기초한 남녀 간의 격정"이다.

전후 육체주의의 한 표현으로 나타난 저질잡지, 스트립 쇼, 매춘부 등은 과도적인 것이지만, '채털리 재판'[37)]에 보이는 성의 해방을 위한 투쟁은 건강한 연애의 육체주의를 매우 논리적으로 주장했다는 의미에서, 일본에서 육체주의론이 다다른 하나의 정점이라 할 수 있다. 이는 올바른 육체주의가 일본인의 심리 속에 뿌리를 내리기 시작했다는 증거다.

37) D. H. 로렌스의 『채털리 부인의 사랑』은 성행위의 대담한 묘사 때문에, 외설이냐 아니냐의 논쟁을 불러일으켰다. 일본에서는 1950년 이 소설을 번역한 이토 세이(伊藤整)와 출판사 사장 고야마(小山久二郎)가 기소되어, 이른바 '채털리 재판'이 권력과 지식인의 문화투쟁으로 전개되었다.

VI. 일본인의 인간관계

지금까지 일본인의 심리에 대해 몇 가지 주요한 특질을 살펴보았는데, 이러한 심리를 창출하는 밑바탕에는 오랜 역사 과정을 통해 정형화된 일본의 사회구조가 존재하며, 또한 그 사회구조 속에서 마주 대하는 인간관계가 존재한다.

인간의 심리는 이처럼 근본적으로는 사회구조에 의해 결정되지만, 보다 직접적으로는 인간관계에서 창출된다. 따라서 다음은 현재 일본에서 인간관계가 어떠한 방식으로 존재하는지를 개괄적으로 조감함으로써 지금까지의 논의를 명확히 하고자 한다.

일본의 사회구조는 겉으로는 자본주의 경제체제이면서도 속으로는 봉건적인 유습들이 아직 적지 않게 남아 있는 까닭에, 그 바탕 위에 형성된 인간관계에서도 근대적인 면과 전근대적인 면이 뒤섞여 있다. 이 신구(新舊) 양면의 미묘한 균형이 일본적 인간관계의 현저한 특징이라 할 수 있다.

그러면 일본인의 인간관계에서 근대화되지 않은 요소란 어떠한 것일까? 대략적으로 말하면, 그것은 결국 인간과 인간이 근대 이전의 '의리'라는 사회적 약속에 의해 연결되어 있다는 점이다. 새삼스레 지적할 필요도 없이 자본주의 사회에서 인간과 인간의 관계를 조절하는 사회적 약속은 권리를 수반하는 의무라 할 수 있다. 일본에서는 이 근대적인 의무와 봉건적인 의리가 미묘하게 뒤섞여 인간관계를 복잡하게 만들고 있다.

다음은 의리와 그것을 배경으로 하는 인간관계가 일본인의 사회심리에 어떠한 영향을 미치는지를 살펴보기로 하자.

1. 의리의 세상

일본어의 '의리' 란 말은 여러 가지 의미가 있다. 그중 가장 넓은 뜻은, '의' 란 사회 구성원 각자가 자신이 '마땅히 그래야만 하는 모습' 을 분별하여 행동하는 것으로, '의' 의 도리(道理)가 다름아닌 '의리' 다.

그렇기 때문에 '의리' 라든가 '의' 라는 사회생활 속에서 자신이 타인에 대해 어떠한 관계에 있으며, 그 관계에 따라 어떻게 처신해야만 되는가에 관한 약속이라 할 수 있다. 물론 이 사회적 약속은 서구의 의무 개념과는 달리 권리의 뒷받침을 수반하지 않는 개념이다.

오히려 '의리' 는 자신을 둘러싸고 있는 사람들 개개인에 대해 자신이 취해야만 하는 태도라든지 행동과 관련된 약속이다. 그리고 일반적으로 이 약속의 적용범위가 확대되면, 이른바 '세켄(世間)' 에 대한 의리라 할 수 있는 '세켄데이(世間體)' , 즉 체면치레라는 개념이 등장하게 된다.

의리는 부모와 자식, 부부, 동포, 친구 그리고 윗사람과 아랫사람 등과 같은 인간관계에서 다양한 형태로 나타나지만, 그 어떤 경우에도 이유에 상관없이 예로부터 정해진 약속에 의해 '마땅히 그래야만 하는 모습' 으로 처신해야 한다.

그렇기 때문에 '의' 란 "살아야 할 때는 살고 죽어야만 할 때는 죽어, 모든 사항들을 결단하여 조금이라도 그 사리에 어긋남이 없게 하는"(室直淸, 『五常五倫名義』) 것이라 하였다. 또한 심학(心學)에서는 '무리를 하지 않는 게' 의리로서, 가령 부하는 봉공(奉公)에 힘을 쏟고 부인은 남편을 소중히 하는 것이 '바람직한' 까닭에, "그 바람직한 게 사람의 도리가 아니겠는가"(『鳩翁道話』)라고 가르친다.

그러니까 '의리'는 현재의 사회생활 속에서 자신이 처한 상태에 만족하는 것으로, 앞서 말한 '자아부재'의 수업(修業)이나 멸사봉공의 정신을 합리화하기 위한 강제적 약속인 셈이다.

'의리'는 일반적으로 윗사람이 아랫사람에게 충의(忠義)의 마음과 봉공의 행동을 요구하는 데서 생긴다. 그 요구 대신에 아랫사람에 대해 어떤 형태로든지 애정과 감사의 마음을 가지는 게 윗사람의 '의리'라 할 수 있다.

가령 무사들의 충의, 봉공과 관련하여 '주군의 애고(愛顧)'란 말이 있듯이, 충의는 결코 아랫사람의 일방적인 희생만을 뜻하는 게 아니었다. 또한 '은혜'라는 말도 예전엔 윗사람이 아랫사람의 봉사에 대해 감사한다는 뜻으로도 사용되었다. 『伊勢貞丈家訓』에서도 "종자에게 부양미와 봉급 주는 것을 은혜라 여기지 말고, 종자가 뼈빠지게 봉공하는 것을 은혜라 여겨 기뻐한다면 그게 바로 주인의 의리"라 하였듯이, 위아래 모두 상호간의 의리가 존재했던 것이다.

이처럼 '의리'는 일방적인 것이 아니다. 충의의 경우에도 주군이 자신을, 얼마나 소중히 여기는지, 그 정도에 따라 봉사하면 된다는 생각이 무사도의 책에 종종 등장한다.

가령 『武道初心集』에 따르면, "무가(武家)의 종자들은 두 부류가 있어, 아시가루[38] 이하 아랫것들"은 평소 약간의 부양미만을 받는 까닭에, 그들이 "싸움터에서 설사 도망을 치거나 꽁무니를 뺄지라도 그게 그리 이상한 것"은 아니라 한다. 이에 반해 "대대로 두터운 은혜를 입고 일상의 정"을 받는 자는 "그 은혜와 배려를 마음속에 새기고 자신의 신명(身命)을 되돌아보지 않을 정도로 정성을" 다하지 않으면 안 된다.

이처럼 '아랫것들'은 "평소 그다지 은혜를 입지 않은 까닭에 뭔가를 느껴야만 하는 것도 없으며, 또한 그들에게 의리가 없을 경우엔 그러니까 아랫것들"이라 했듯이, 주군으로부터 받은 은혜에 비례하여 의리의 마음가짐이 무거워짐을 알 수 있다.

이러한 예로써 도쿠가와 시대의 무사들 사이에서는 충의나 봉공의 개념 속에 교환이나 계약과 같은 의미가 상당히 포함되어 있었다는 사실을 확인할 수 있다.

그런데 메이지 시대 이후 천황제를 유지하기 위해 마련된 수신(修身) 과목에서는 천황에 대한 희생적인 멸사봉공만이 강조되고, 제1장에서 살펴본 것처럼 권력에 대한 절대복종과 자아의 부정이 국민 전체에 강요되었다. 그 결과 앞서 본 상하 상호간의 의리 개념이었던 충의는 일방적인 것이 되어 버렸다. 태평양전쟁중에 쓰인 다음의 두 책에서 그 보기를 찾아보기로 하자.

38) 평소에는 잡역부 노릇을 하다가 전쟁이 나면 보졸(步卒)로 참가하는 자.

『臣民の道解說大成』(1942)에서는, "무릇 근무는 모두 천황에 대한 봉사의 마음, 이 참마음으로부터 출발"한다든지, "자기 자신을 죽인 진정한 봉사가 신민의 길"이며 "이 봉공의 생활 이외에 … 사생활이라 할 만한 것은 그 어디에도 존재하지 않는다"고까지 극언하였다. 이는 예전의 충의 개념, 즉 일종의 의리였던 충의와는 너무나도 동떨어진 개념으로, 노예의 절대적인 봉사와 다르지 않다.

또한 『産靈の産業』이란 책의 경우, 예전의 아시가루라면 꽁무니를 빼도 그만이지만, 천황 중심의 국체(國體)에서는 "뼈빠지게 근무를 해도 그로써 족하다고 하지 않을" 뿐만 아니라, "그 최후에 직면하는 죽음이 가장 가치있는 것이었다"고 한다. 여기서 "근무와 보수를 교환 개념으로 생각하지 않았음"은 말할 나위도 없다.

더욱 놀랄 만한 것은 전후의 오늘날에도 이러한 멸사봉공을 일본인의 장점이라 공언하는 이가 있다는 사실이다. 앞에서도 인용한 『神風特別攻擊隊』의 저자는 미국 조사단에 대해 다음과 같이 말하였다. "온몸과 온 마음을 천황(조국을 포함)께 바쳐 봉사하는 것 … 이것이야말로 일본인 본연의 심정 또는 모습이며 … 가미카제 특별공격은 바로 그러한 생각에서 출발하여 그 극치를 구현한 것이라 믿어 의심치 않는다."

물론 '국민의 충의'라는 게 반드시 일방적인 것이라고만 볼 수는 없다. '황은(皇恩)', 즉 천황의 은혜에 대한 '충의'를 말하는 것이기 때문에, 일단은 그 말 속에 교환의 뜻이 담겨 있다고도 볼 수 있다. 또한 실제로 그렇게 생각하지 않는다면, 세상의 바보천치 같은 짓을 한 자기 자신에 대해 그 누가 참을 수 있을 것인가.

예전 다치바나 무네시게(立花宗茂, 1569~1642)라는 다이묘(大名)[39]조차도 "내 집에서 부리는 종자일지라도 적군과 싸울 경우 … 그저 '앞으로 돌격', '목숨을 바쳐 싸우라' 해도 결코 그 명령대로 따르는 것"이 아니며, 평소 종자들을 자식처럼 아꼈을 때 비로소 그것이 가능한 법이라 말한 적이 있다.

이번 전쟁에서도, "우리들은 전선의 장병으로서 분에 넘치는 의식주를 하사받아 언젠가는 반드시 그 은혜에 보답하지 않으면 안 된다"(『戰艦大和の最期』)는 느낌으로 싸움에 임한 이들이 적지 않았을 것이다. 실제로 일반 시민들보다 군인들이 입성과 먹거리 면에서는 훨씬 더 좋은 처지에 있었던 것도 사실이다.

다음, 부모와 자식 간의 의리는 전자의 은혜와 사랑에 대한 후자의 효심과 효행의 형태로 나타난다. 여기서는 부모 자식 간의 애정이 의리와 결합되어, 대개의 경우 의리와 '인정' 사이의 구별이 쉽지 않다. 하지만 가장인 아버지에 대해서는 특별한 존경과 복종이 자식에게 요구된다는 점에서, 외국에서 볼 수 있는 부모 자식 간의 애정에 일본적인 의리, 즉 자식으로서 '마땅히 그래야만 하는 모습'이 더해지게 된다.

그런데 친자관계 중에서도 의부모와의 관계, 특히 농촌의 시어머니와 며느리 사이에는 애정보다는 의리가 앞서기 일쑤다. 이 점

---

39) 넓은 영지(領地)를 가진 무사.

은 무사에게서 볼 수 있는 충의의 경우와 유사하며, 의리도 "재산의 과다에 비례하여 그 냉엄함이 증가된다. … 재산이 많으면 많을수록, 이 정도의 재산이 너에게 그대로 넘어가기 때문에 그에 걸맞은 봉공은 당연하다"(『農村の世間體』)고 시어머니들은 생각하는 모양이다. 그러니까 이런 시어머니에 대한 며느리의 봉공이 친정 부모에 대한 효행, 즉 '인정'에서 비롯된 효행과 다르다는 것은 말할 나위도 없다.

일본의 가족관계에서 오늘날에도 볼 수 있는 두드러진 특징 중 하나는, 가장으로서 아버지가 어머니보다도 막강한 힘을 가지고 있다는 점과 장남의 지위가 다른 자식들에 비해 매우 높다는 점이다. 어촌의 경우를 제외한 대부분의 농촌에서는 그렇다고 볼 수 있다.

일본인들 사이에 뿌리깊게 남아 있는 남존여비 사상의 밑바탕은 바로 여기에 있으며 '남자로서', '남자답게', '남자 대 남자로서의 얘기', '남아일언' 등의 말들은 아직도 국회에서 자주 사용된다.

일본의 경우, 아버지와 장남 사이에는 일종의 권위의 연합이 형성되어 있으며, 또한 어머니와 딸 사이에도 남자에 대한 정신적인 대항 팀이 형성되기 쉽다. 그래서인지 일본의 딸들 중에는 아버지에 대한 의리보다도 어머니에 대한 의리의 마음을 강하게 갖고 있는 이가 많다. 매춘부나 불량소녀의 고백 중에 어머니에 대한 의리를 술회한 예가 많은 까닭도 여기서 찾을 수 있다. "이제부터는 아무리 어려운 일일지라도 죽을 각오로 열심히 노력하여, 저의 제대로 된 모습을 돌아가신 어머님에게 보여 드리고 싶습니다." "나 이

제 착한 사람이 되어 집에 돌아가, 어머님께 용서를 빌고 착실하게 일하러 다닐 터이니, 어머님 곁에 있고 싶은 …."(『街娼—實態とその手記—』)

그런데 일본적 가족관계가 일본 사회에서 커다란 역할을 수행한 것도 사실이다. 하나 하나의 개별적인 가족관계의 차원을 넘어, 인간관계의 모든 면에서 그 가족관계적 모형이 확대, 적용되고 있다는 점이 바로 그것이다. 이와 관련하여 『臣民の道解說大成』에서는 다음과 같이 말하였다. 즉 일본의 가족은 "친자관계를 위주로 하여 가장 중심이기" 때문에, 외국의 "부부 중심의 결합체"와는 다르며, "따라서 효도가 중시되는 것은 너무나도 당연한 일"이라 하였다.

가장으로서 부친이 "가족 구성원 전체의 정점에 서서 가정을 통솔하는 권한과 지도력을 가지고 있다는 사실은 군대에서 상관이 가진 권한과 하등 차이가 없다."(『産靈の産業』) 이러한 지적처럼 친자관계의 의리는 가족집단의 기본형으로서, 다른 모든 사회집단은 이 기본형을 본떠 인간관계의 기초를 구성한다. 여기서 일본적 가족주의의 독특한 인간관계가 나온다.

이와 같은 가족주의의 인간관계와 오야붕 · 꼬붕(親分子分)관계는 일본의 어른들로 하여금, 가정에서뿐만 아니라 사회집단 내에서도, 오야(親: 부모)의 직분(職分)과 역할을 하게 만들고 또한 경우에 따라서는 고(子: 자식)의 직분과 역할을 하게 만든다. 그리하여 일본인 대부분은 가족 이외의 사회집단에서도 의제적(擬制的)인 부모와 자식의 역할을 수행하게 되며, 결과적으로 일본인의 심리

에는 가족적인 분위기와 친숙함이라는 경향이 자리잡게 된다. 일본인의 인간관계에서 보이는 '친심주의(親心主義)' 라든가 온정주의와 같은 게 그 좋은 보기라 할 수 있다. 이 친심주의나 온정주의는 윗사람이 부모의 자애심을 가지고 아랫사람을 자식처럼 귀여워하고 소중히 생각하는 것만을 뜻하는 것은 아니다. 동시에 그것은 아랫사람을 "자식으로 얕보려 드는 마음자세이자 자신은 높은 위치에서 주위를 사랑하여 그들을 육성, 인도하는 입장에 있다는 자각"(『産靈の産業』)이기도 하다.

그렇기 때문에 친심주의는 아랫사람을 내심으로는 '얕보려 드는', 경멸하는 마음이 동반되는 경우가 많다. 혹은 본인 스스로 그것을 의식하지 않을지라도, 그 속내를 들여다보면 '높은 위치' 에 있는 자신이 아랫사람들을 내려다본다는 점에서 가장의 권위와 별로 다를 게 없다.

이러한 친심주의는 군대의 경우, 좀더 분명한 형태로 일본인의 가족감정을 그대로 활용하였다. 다음과 같은 노래는 그것을 잘 보여 준다. "중대장 훈시에서는 중대장은 아버님, 내무반장은 어머님, 고참병은 형님. 모두 사이좋고 씩씩하게 무사히 임무를 마칠 수 있도록. 이 눈물겨운 말씀도 하룻밤 지나면 악마의 이야기가 된다." (『眞空地帶』)

이 노래에는 일본의 병사들이 가족관계 속에서 자식 취급을 받으면서도 '하룻밤 지나면' 악마의 징계를 받는, 의붓자식이 되는 비애가 깃들여 있다. 이 가족주의를 전 장교 출신인 어떤 이는 다

음과 같이 설명하였다. "준위가 … 마누라 역할을 함으로써 어머니와 같은 마음으로 모두의 뒷바라지를 한다. … 중대장은 아버지와 같이 한편으론 엄하고 다른 한편으론 이른바 혈육의 정을 가지고 병사들을 대함으로써 자신의 명령에 철저히 따르도록 한다. …"(『日本の軍隊』)

그리하여 일본의 군대는 다음의 에피소드처럼, 병사들이 장교를 든든한 아버지와 같이 느끼는 인간관계를 구축하는 데 그 이상이 있었을 것이다. "1904년 11월 30일 중대장 신분으로 203고지 전투에 참가했는데 … 한밤중에 벌어지는 전투라는 게 지휘관의 모습이 전혀 보이지 않는 까닭에 병사들에게는 좀 불안한 데가 있었던 탓인지, 때때로 '거기 장교 있어' 란 울부짖음이 들려온다. '여기 있어' 라고 한마디 대답을 하면, 안심이 되었다는 듯이 또 다시 씩씩한 함성이 들린다. 처음에는 나 이외에도 '여기 있어' 란 대답이 들렸지만 나중에는 내 대답만이 남았다."(內山雄二郎, 『戰場心理學』)

이러한 신뢰감이 부자지간과 같은 인간관계 속에서 비로소 만들어진다. 바로 여기에 어른이 되어서도 가족적인 인간관계에 의지하려 드는 일본인의 심리가 있으며, 자아가 발달되지 않은 원인이 있다. 일본의 어른들에게는 정신적으로 어린아이와 같은 심리가 다분히 남아 있다.

이와 반대로, 일본의 지도자들에게서 볼 수 있는 친심주의(親心主義)는 오히려 아이에 해당하는 부하를 희생시키고도 후회하지 않는 이상한 심리를 창출한다. 가령 가미카제 특공대의 사령관 다마이(玉井) 중령은 부하 청년들에게, "부모의 자식 사랑과 같은, '너무나도 귀여워 깨물어 주고 싶은' 듯한 깊은 애정을 가지고, 어떻게 해서라도 좋은 기회를 만들어 그들로 하여금 훌륭한 역할을 다할 수 있도록 해 주고 싶었다"고 말하지만, 청년들의 입장에서는 그러한 부모 마음(親心)이 전혀 달갑지 않은 친절이었을 것이다.

의리는 군신관계나 친자관계와 같은 분명한 상하의 인간관계 이외에서도 찾아볼 수 있다. 가령 상인과 고객 사이에서도 고객을 주인으로 대접하는 의리가 아직 남아 있다. 도쿄의 가장 근대적인 어떤 백화점에서는 점원들에게, "예로부터 손님을 '젠슈(前主)'라고 부르는데, … 이는 예전의 주인이라는 뜻으로 손님에 대한 존칭이며", 따라서 "특히 손님들에 대한 태도를 새로운 민주주의적인 방식으로 바꿔 갈 수는 없는 것"이라 교육시키고 있다.

이는 하나의 작은 예에 불과하지만, 적어도 나이든 이들에게는 아직까지도 의리가 사회적인 약속으로서 매우 소중하게 인식되며, 그러한 인식은 다음과 같은 『社會教育についての世論調査』(1953년 3월)에서도 명백히 드러난다. "요즈음 의리를 모르는 자가 많아 한심스럽다는 이가 있는데 당신도 그렇게 생각하십니까?" 이런 질문에 대해 연령의 차이는 있지만 응답자의 약 70%가 '한심스럽다'고 대답하였다. 물론 이 질문은 다분히 유도적이며 또한 의리의 의미에 대해서도 응답자에 따라 상당한 차이가 있기 때문에, 그 숫자를 감안할 필요가 있을 것이다. 하지만 '일본 명물 의리인정'이라는 표현이 있을 정도로, 오늘날에도 일본인들 사이에 의리라는 마음가짐은 매우 강하게 남아 있다.

다음, 윗사람이나 가장과 같은 한정된 개인에 대한 의리가 아닌 '세켄(世間)' 에 대한 의리의 문제를 생각해 보자. 이 경우 의리는 '이름' 이라든가 '세켄데이(世間體)', 즉 체면치레와 밀접한 관련이 있다. 여기서 말하는 '세켄(世間)' 이란 사회 일반의 평가나 혹은 사회적 의견으로서 여론을 뜻하는 것이 아니다. 그것은 개인을 둘러싼 모든 대인적(對人的) 환경을 가리키는 것으로, 개개인에 따라 그 범위는 각양각색이다.

가령 어떤 시민에게는 자기 집 맞은편 세 집과 옆의 두 집만이 '세켄(世間)' 일 수 있으며, 또한 정치 지도자들에겐 넓은 일본 사회 전체가 '세켄' 으로 생각될 수도 있다.

따라서 '세켄' 에 대한 의리 역시 그 범위가 다양한데, 가장 좁은 범위에서는 '이웃이 거북스러워할' 짓을 하지 않는, 바꾸어 말하면 이웃과의 교제에서 '마땅히 그래야만 하는 모습' 을 지키는 게 의리다. 넓은 범위의 '세켄' 에 대한 의리에서는 '이름을 더럽힌다' 든가, '세켄사마(世間樣)[40]에게 죄송스런' 짓을 하지 않는 게 약속으로 되어 있다.

세켄사마(世間樣)라는 말 속에는 '세켄(世間)의 온(恩)', 즉 평소 사회생활을 하며 입는 은혜에 대한 감사의 마음이 들어 있다. 그러니까 일본인은 사회로부터 어떤 형태로든지 은혜를 입고 있다고

40) '세켄사마(世間樣)' 의 '사마(樣)' 는 존경, 공손을 나타내는 접미사.

생각하며, 따라서 사회에 대한 의리를 지킴으로써 그 은혜에 대해 봉사하는 것이다. 가령 앞서 인용한『産靈の産業』이란 책에서는 "내가 오늘날 이렇게 생활할 수 있는 것도 국가나 조상이나 주위의 덕택이다"라고 한다. 여기서 말하는 막연한 '주위'가 바로 세켄사마(世間樣)다.

그러니까 일본인은 끊임없이 의리를 지킴으로써 세켄에 대해 일종의 봉사를 하는 것이다. 앞서 본 여론조사에서도, "의리를 모른다는 것은 예를 들면 어떤 것일까요"라는 질문에 대해, '은혜를 모르는 것'이라 대답한 이가 30%, '이기주의'라 대답한 이가 10% 정도로 역시 보은이라든가 봉사와 같은 게 의리가 요구하는 행동이라 생각하는 이들이 많음을 알 수 있다.

2. 의리를 고집하기보다는 이익을 좇아라

그런데 의리가 오래된 봉건적 인간관계의 약속이라면, 그것을 부정하는 사회행동에는 어떤 것이 있을까? 이와 관련하여 예로부터 내려온 '의(義)에 대한 이(利)'라든가 이욕(利欲)이란 말을 주목해 볼 수 있다. 가령『武士訓』에는 "사무라이는 의리를 깨닫는 데 전념해야 하며, 의리에 눈을 뜬 자는 이욕에 어둡고 …"라는 구절이 있다. 이처럼 무사들의 의리에 대립하는 개념으로 상인들의 이욕이 거론되었는데, 이욕은 상인들의 경우 결코 부도덕한 욕구라고는 생각하지 않았다. 오히려 니시카와 조켄(西川如見) 같은 이는 "상인이 이익을 저버리고 이름을 중시할 때는 패가망신한다"(『町人囊』)고 지적함으로써 의리의 일종인 이름, 즉 명예를 경계하였다. 또한 심학(心學)에서도 이시다 바이간(石田梅巖)이 말한 것처럼 "상인이 물건을 팔아 얻는 이익은 사무라이의 봉록"과 같으며, 따라서 그것을 취하는 게 당연시되었다.

또한 상인의 경우에는 이욕이 의리보다 앞설 뿐만 아니라, 무사와는 달리 충의나 봉공(奉公)의 의리도 없다는 견해조차 있었다.

가령 니시카와 조켄은 "… 상인에게는 주군이 없다. 다만 부모가 있을 뿐이다. 따라서 무사처럼 행동하는 것은 불효의 지름길이다. … 아무튼 상인으로 태어난 것이야말로 행복이 아니고 무엇이겠느냐"고 단언하였다. 뿐만 아니라 그는, 어떤 상인이 스님에게 "당신은 마음씨가 좋은 까닭에 내세에는 무사 집안에 태어날지도 모르겠다"고 하자, 그 스님이 "무사 집안에 태어나는 것은 오히려 괴롭기만 하지요. 평생 주군을 받들어 섬겨 마음이 편안할 날 없고, 명리(名利)를 제일로 삼아 사람들을 놀라게 하고 위엄있는 행동과 처신을 즐기려 하기보다는 그저 이 같은 상인의 생활이야말로 즐거움이 아니겠소"(『町人囊』)라고 대답했다는 일화를 소개하였다.

오늘날에도 이익을 무시하면서까지 의리를 고집하는 것은 바보천치라는 게 상인들의 도덕이다. 도큐주쓰(淘宮術)에도 "의리를 고집하기보다는 음식(이익)을 볼이 미어지게 입에 넣으라는 속담도 있습니다. 지금 세상에선 무엇이든 고집을 부려서는 안 됩니다. 의리를 고집하는 것보다는 이익을 좇는 게 좋습니다" 고 하여, 의(義)보다 이(利)를 앞세울 것을 권유하였다.

3. 의리와 인정 사이의 딜레마

의리에 대한 대립 개념 중에서 위에서 본 이욕보다도 일반적인 형태는 흔히 '인정' 이란 말로 표현되는 인간성의 요구다. 예로부터 일본에서는 '의리인정' 이라 하여 의리와 인정을 하나의 카테고리로 묶어 이해하는 것이 관례화되어 있지만, 실은 의리라는 사회적 약속에 의해 억제되어 있는 게 바로 인정이며, 따라서 '의리와 인정의 대립, 이 양자 사이의 딜레마' 가 일본인의 심리에 독특한 영향을 미쳤다.

의리와 인정 사이의 딜레마가 일본인의 가슴을 조이곤 한다. 그 조이는 가슴을 부여안고 꾹 참고 견디는 가련함과 그것이 해결되지 않은 상태로 남아 있는 안타까움, 이러한 감정을 표현한 작품이 일본의 독자와 관객과 청중에게 비극적인 공감을 불러일으킨다. 외국의 비극이 주로 인물의 성격이라든가 운명에서 비롯되는 것과는 매우 취향이 다르다. 일본의 비극은, 외국의 비극에서 볼 수 있는 것처럼 실패라든가 멸망과 같은 모티프를 가지고 독자나 관객에게 호소하는 것이 아니라 상황의 미해결, 상황의 정체(停滯)를 중심으로 독자와 관객에게 접근한다.

나니와부시(浪曲)의 보기를 들자면, 야쿠자의 어머니는 돌아온 아들을 만나고 싶은데도 세상의 의리 때문에 그 감정을 다음과 같이 꾹 참고 견딘다. "방안의 에미는 / 지금 자식 놈의 목소리를 들으며 / 에미임을 알릴 수도 없는 세상의 약속 / 우는 매미보다도 차라리 / 울지 않는 반딧불이 가슴을 태운다 / 꾹 참고 아무렇지도 않게 …" 이와 같이 모친은 의리와 인정 사이에 끼여, 우는 것조차도 참으며 그 상태를 유지함으로써 '세상의 약속', 즉 의리를 일단 따르고 있다. 그리하여 의리로 인해 인정의 토로가 억제되면 될수록 그 인정은 순수한 것이 되며, 또한 깊고도 강해지는 게 '의리인정'의 저울추인 것이다.

이처럼 인생 그 자체를 의리와 인정의 딜레마 속에서 파악하려는 태도는 다음과 같은 나니와부시의 인생관에 잘 드러난다. "인생살이가 괴로운 것임을 알면서도 무심결에 눈물이 절로 난다. 인간의 마음이 약한 까닭에 서로 의지하며 살아가는 의리와 인정에 꽃이 핀다."(秩父重剛, 『短冊草紙』)

이러한 인간관계의 딜레마를 노래한 것은 비단 고풍스런 나니와부시의 세계에만 국한된 것이 아니다. 근대 일본인의 생활 속에서도 애정과 '세켄(世間)' 사이에 끼어 고뇌하는 모티프는 사람들에게 깊은 공감을 불러일으키며, 유행가 중에는 그러한 감정을 읊은 노래가 많다. "눈물을 꾹 참고 / 에미란 이름을 버리고 / 그게 진정한 사랑이라면 / 어릴 적 그 모습을 / 부둥켜 안고 / 애오라지 불러보는 / 자장가"(『母月夜の唄』) "바람 소리에 / 들려오는 당신

소식은 / 온천마을의 유부녀 / 아아 서로 보고도 / 떳떳이 말할 수 없는 / 이 사랑의 마음 / 하다못해 흘려보내는 이 노래여"(『湯の町エレジー』)

일본의 영화에서도 '하하모노(母物)' 나 '나미다모노' 라 불리는 작품들은 그 대부분이 자식에게 '떳떳하게 에미임을 알릴 수 없는' 어머니의 비극을 주제로 삼고 있다. 이런 영화들은 전전에서부터 오늘에 이르기까지 비슷한 스토리를 가지고 되풀이 상영되며, 결과적으로 의리와 모성애 사이의 비극적인 딜레마가 여성팬들의 눈물을 자아내 막대한 흥행수입을 올리는 것이다.

'하하모노' 와 '나미다모노' 는 지금까지도 일본인의 인간관계에서 이러한 딜레마가 얼마나 많은지를 구체적으로 보여 주는 바로미터라 할 수 있다.

4. 의리인정을 끊어 버려라

이처럼 얽히고설킨 의리인정의 인간관계론에 대항하여 다음과 같은 두 가지의 사고가 나올 수 있다. 즉 인간의 순수한 욕망을 의리의 굴레로부터 해방시키려는 자연주의와 의리인정을 갈음할 새로운 인간관계를 창출하려는 생활의 합리주의가 바로 그것이다.

전자의 의리를 부정하는 자연주의는 육체의 욕망을 소중하게 생각하는 육체주의와 통한다. 이러한 입장에서 일본의 봉건적인

인간관계를 격렬하게 부정한 견해는 앞서 여러 번 인용했던 사카구치(坂口安吾)의 『墮落論』이나 마쓰나가(松永安左衛門)의 『勇氣のある自由』와 같은 책들에 역설되어 있다. 하지만 "대의명분이라든가, 불의(不義)는 금령(禁令)이라든가, 의리인정과 같은 거짓의 옷을 벗어 버리는 게 인간의 부활을 위한 첫째 조건"이라는 사카구치의 발언이나, "봉건적인 의리인정과 같은 생각이나 심리는 진정한 인간의 애정에서 본다면 쓸데없는 것"이라는 마쓰나가의 발언은 전후 오늘날에도 아직 소수의 진기한 주장에 속한다. 바꾸어 말하면, 의리인정의 부정은 자칫 잘못하면 우음마식(牛飮馬食)의 이기주의에 빠지기 쉬우며, 따라서 그것은 일본인의 심리에서는 제대로 소화해 낼 수 없는 너무 '자극적인' 느낌을 주는 것이다.

후자의 합리주의, 즉 인간관계를 근대적으로 합리화하려고 할 경우에도, 일본에서는 먼저 필요 이상의 의리인정을 '정돈' 하는 수준에서부터 시작하지 않으면 안 된다. 생활상의 합리주의는, 그게 바른 방향을 취한다면, 필요 이상의 의리인정을 '정돈' 하는 데에 도움이 될 것이다. 하지만 불행하게도 일본에서는 이 합리주의가 너무 지나쳐 타인에 대한 민폐를 전혀 고려하지 않은 이기주의의 모략에 빠지기 쉽다.

그런 까닭에 히로카와(廣川弘禪)란 정치가가 의리인정에 대한 반대론을 다음과 같이 주장할지라도, 그게 합리주의 정치를 지향한 발언이라고 액면 그대로 받아들일 수는 없다. 그는, 자신이 충성을 맹세한 오야붕 요시다(吉田茂)에 대해 의리인정이 없다는 사람들의 비판에 대해, 이렇게 변명하였다.

"대개 정치상으로 보자면, 정책과 의리인정 이 양자는 확실히 구별하지 않으면 안 되는 법이다. 바로 여기에 정치의 고귀함이 존재하는 것으로, 그 어떤 나쁜 일일지라도 의리인정으로 모든 것을 해결해 나간다면 정치가 도대체 어떻게 되겠어! 의혹사건에서 오야붕이 나쁜 짓을 했는데도 모두들 의리인정 때문에 그 뒤를 따라가야만 한다면 도대체 (정치가) 어찌 되겠는가!"(廣川弘禪, 「落選の辯－自己批判はいらない－」, 『文藝春秋』, 1953년 6월호)

이러한 히로카와의 '합리주의'에 대해서는, 이치카와(市川房枝)도 "그것은 하나의 전진으로서, 정치적인 의리인정이 없어진다는 것은 좋다고 생각합니다"(座談會「日本名物義理人情」, 『文藝春秋』, 1953년 5월호)라고 지적하였다. 하지만 이러한 지적도, 일본에서는 누가 주장하는 '합리주의'인가를 고려하지 않고서는 일반화하기 어렵다. 위의 좌담회에서 아베(阿部眞之助)가 말한 바와 같이, 히로카와가 "주인(요시다)을 배반했다는 사실을 통렬히 비판하는 것 자체가 봉건주의"이며, 이 점에 국한한다면 히로카와의 발언 그 자체는 정치의 합리화를 주장하는 것이다.

의리인정을 부정하는 합리주의 중에서 그 도가 지나친 예로, 전후 가장 주목을 받았던 게 히카리 클럽의 계약주의, 즉 인간과 인간의 교섭을 모두 계약으로 설명하려 드는 야마자키의 사고를 들 수 있다. 그는 앞에서도 언급했던 독특한 '합리주의'로부터 계약주의를 생각해냈다.

그에 따르면, "인간과 인간의 관계는, … 합의는 구속력을 가져야 한다는 국제법의 기본원칙으로 해결될 수 있는" 것이기 때문에, "(그 기본원칙) 이외에 사람들이 결정한 바에 따를 까닭은 없으며", 따라서 의리인정 따위는 전혀 문제가 되지 않는다.

가령 연애에서도 "계약한 것은 결코 어겨서는 안 된다. 즉 당신을 사랑합니다고 말하고서 바로 그 30분 후에 다른 남자를 만난다는 것은 해서는 안 될 … 위법행위가 된다." 또한 결혼에서도 "서로 잘 해 나갈 수 없게 되면 헤어진다는 합의" 등처럼 "혼인 계약을 공증 문서로라도 만들어 놓아야만" 한다.

야마자키에게는 부모 자식의 관계 역시 계약관계이며, "왜 부모 말을 듣느냐 하면 … 밥을 먹여 주기 때문이며, 그러므로 그 대가로 순종해야만 하는" 것이다.

미국과 같은 사회에서는 계약주의가 상당히 '철저하기' 때문에 야마자키가 주장하는 친자관계도 그다지 냉혹한 느낌을 주지 않는다. 하지만 일본인에게는 그것이 무정하게 느껴진다. 그도 그럴 것이 일본인에게는 의리인정의 사고가 몸에 배어 있기 때문이다.

실제로 미국의 부모는 아이에게 심부름을 시킨다거나 집안의 수선작업을 시킬 경우, 대화를 통해 그 보수를 미리 정하고 일을 시키기 때문에 양자는 계약과도 같은 관계를 형성한다고 볼 수 있다. 하지만 일본인에겐 그것이 부모 자식 간의 의리인정을 짓밟는 행위로 비쳐진다. 이렇게 의리인정에 얽히고설킨 일본 사회이기 때문에, 그것에 반발할 경우엔 앞서 보았듯이 도가 너무 지나친 격렬한 계약주의도 등장하게 된다.

"그리고 나와 얼굴이 창백한 대령은 마침내 결혼을 했습니다. 그런데 그게 좀 그래요. 우리 둘은 계약서를 교환하고 엄지손가락으로 도장을 찍었어요. 하지만 나는 실제 결혼을 진지하게 생각하지는 않았지요. 그렇기 때문에 매물을 사는 자가 대령이고 파는 자는 나, 매물은 파는 자와 동일한 것이며 단 신품(新品)과 같을 것, 계약 이행은 1954년. 그러니까 내후년이지요. 이처럼 둘이서 그 내용을 정하면서 매우 간단하게 계약을 맺었던 거지요."(久坂葉子, 「幾度目かの最期」, 『新潮』, 1953년 5월호)

위의 인용문은 전후 아쿠다가와상(芥川賞) 후보로 뽑히고 나서 얼마 지나지 않아 자살한 젊은 여성의 수기에서 따왔다. 여기에 등장하는 계약 역시 절반 정도는 장난이 섞인 것처럼 보이지만, 전후의 젊은이들에게 다소 공통적으로 보이는 계약주의의 인간관을 이 인용문은 잘 드러내 준다.

야마자키는 물론 위의 구자카(久坂葉子) 역시 전후 청년들이 지녔던 인간 불신을 배경으로, 인간과 인간을 서로 형식상으로 얽어매는 계약만을 믿고 그것을 지킴으로써 인간관계의 균형을 유지하려고 했던 것이다.

야마자키는 빚을 갚을 수 없게 되자, "계약은 … 죽은 사람(死人)과 같은 물체(物體)에는 적용되지 않는다"는 사정 변경의 원칙을 적용하여 자기 자신을 '물체로 치환함으로써 이론적 통일을 견지하고', 자신의 계약주의를 관철시켜 자살을 했다. 구자카는 삼각관계로 괴로워하고 또한 예술과 인생 문제로 방황을 하다 결혼 계약 증명서를 찢어 버리고 자살을 했다. 결국 계약주의의 말로는 그 어느쪽도 죽음이었는데, 이는 그들이 고래의 의리인정에 대해 반항했을 뿐만 아니라 인간의 애정과 신뢰까지도 부정해 버렸기 때문이다.

이에 비한다면, 전전부터 의리인정에 급급하지 않는다는 신념을 줄곧 가지고 있었던 사람은 훨씬 밝고 명랑한 형태로 계약주의를 취했다. 그 한 예로 앞에서도 육체주의자로 인용했던 야마다(山田耕作)의 연애계약설을 들 수 있다. "자기 혼자만 홀딱 반해, 여자가 다른 사내와 결혼하는 것을 실연했다고 말하지만, 사실은 그게 실연은 아니지요. 왜냐하면 계약 자체가 성립되지 않았잖아요 …." (『*KING*』, 1953년 8월호)

요컨대 계약주의란 말은 일본인에게는 친숙한 게 아니지만, 생활의 합리화를 생각하는 데는 역시 육체주의와 마찬가지로, 비록 지나침이 있을지라도 한 번은 반드시 넘어야만 하는 과정이다.

5. 공사의 구별

의리가 대인(對人)이나 대 사회(對社會)관계에 관한 약속이라면, 여기서 살펴보려는 '본분(本分)'은 일반적으로 사회 속에서 각자가 자리한 위치에 걸맞은 행동양식 전체를 가리킨다. 예로부터 '분

(分)', '분자이(分際)', '분겐(分限)' 등과 같이 일반적 의미의 본분에 해당하는 말이 있고, 또한 직업의 본분은 직분, 계층의 본분은 신분이라 불린다.

본분은 봉건 사회의 '분자이(分際)', '분겐(分限)'의 인간관계가 오늘날까지 남아 있는 것으로, 그 오래된 요소가 현대의 일본 사회에서 새로운 인간관계와 서로 뒤섞여 있는 것이다.

물론 오늘날의 본분은 예전의 '분겐(分限)'과는 달리, 태어날 때부터 지녔던 신분이나 가업에 의해 그것이 평생 변하지 않는 것으로 결정되어 버리는 일은 없다. 이 점에서 본분은 어느 정도 자신 스스로가 자유롭게 선택할 수 있는 인간관계이다.

하지만 본분은 '분겐(分限)'과 같이 인간의 생활을 하루 24시간에 걸쳐 구속한다. 이것이 흔히 말하는 근무와 다른 점의 하나이다. 즉 회사에서는 직원의 본분이 있고 학교에서는 학생의 본분이 있으며, 그것은 근무시간 이외, 수업시간 이외에도 직원, 학생의 행동을 얽어맬 수 있다.

시간뿐만 아니라 공간이라는 측면에서도 또한 본분의 속박이 있다. 직원은 사외(社外)에서도 직원의 본분이 있으며, 학생에게는 학교 밖에서도 학생의 본분이 있어, 그것에 걸맞게 행동하는 게 필요하다.

앞서 예로 들었던 도쿄 제일의 모 백화점 『服務要典』에는 다음과 같은 예가 보인다. 즉 "백화점 밖에서의 언동에 대해서도 세상 사람들은 그것을 △△점원의 언동으로 취급하기 때문에 사생활에서도 언어와 행동에 주의하여 △△점원으로서의 체면을 손상시키는 일이 있어서는 안 된다"고 한다.

사기업에서도 이러한데 하물며 공무원의 경우는 어떻겠는가. 예로부터 일본에는 『官吏服務紀律』이 있었고, 오늘날에도 『公務員法』 등에 의해 공무원의 본분은 근무 외의 정치활동 제한 및 기타 자질구레한 법률상의 '속박'을 받는다.

그러니까 많은 일본인에게는 이른바 공적인 시간이나 일이 사적인 시간이나 생활에까지 파고들어, 극단적인 경우에는 공적인 생활이 사생활을 완전히 잠식하기도 한다.

회사원의 공적 생활은 퇴근하고 나서부터 연회가 끝나는 늦은 밤까지, 즉 사적인 시간을 거의 대부분 빼앗아 버린다. 외국인은 도저히 이해할 수 없는 불합리한 생활이 아닐 수 없다. 뿐만 아니라 그것은 일본에서 공인과 사인(私人)의 구별, 공적인 일과 사적인 일의 구별을 흐트러뜨리는 중대한 원인의 하나가 되었다.

일본인은 사리사욕 때문에 공사를 혼동한다. 뿐만 아니라 본분이라는 인간관계에서 본디 공(公)이 사(私)를 마구 침범하는 까닭에 공사를 분별하라는 것 자체가 일본인에게는 애당초 무리한 주문이라고도 말할 수 있다. 그렇기 때문에 수뢰와 독직(瀆職), 정실 등과 같은 부패는 공사가 뒤섞여 있는 일본인의 사회생활에서 끊임없이 그리고 당연히 일어나는 것이다. 천지사방에서 본분에 대한 이야기를 귀가 따가울 정도로 해대고, 결과적으로 공(公)이 사(私)를 잠식하면 할수록, 그 본분에 걸맞지 않는 행위가 많아지는 것은 어찌 할 수 없는 악순환으로 오늘의 일본 사회 시스템을 가지고는 그것을 막을래야 막을 수도 없다.

이처럼 본디 봉건적인 본분의 인간관계를 자본주의 경제에 기초한 근대 사회 속으로 가지고 오는 것이기 때문에, 본분과 사리사욕을 적당히 섞으면 얼마든지 '나쁜 짓'을 할 수 있는 구조라 할 수 있다. 따라서 앞에서도 인용했듯이, 본분에 관한 『處世術』 책에서 사리사욕을 채우는 수뢰 방법까지 전수하는 것도 지극히 당연하다고 볼 수 있다.

6. 책임회피

그런데 근대 사회의 업무에서는 어떤 일일지라도 그 본분에 걸맞은 권한이 있게 마련이고 또한 그 본분에 대해 짊어져야만 하는 책임이 있는 법이다.

일본에서는 (공무원이 제일 좋은 예지만) 이 본분에 포함된 권한과 책임의 균형이 어느 한쪽으로 기울어, 결국 전자의 권한만이 큰 비중을 차지하는 게 그 두드러진 특징이다.

이마이(今井一男)라는 공무원은 이 점에 대해 다음과 같이 정직하게 말하였다. 즉 일본의 행정관청에서는 "권한에 대해선 매우 상세한 규정이 있지만, 그 규정에 의해 주어진 일을 잘못 처리했을 경우에 얼마만큼 책임을 질 것인가에 대해선 거의 규정다운 규정이 보이지 않는다."

이 권한과 책임의 균형 문제는 군대생활에서도 공무원의 경우와 마찬가지로 일방적이었다. 가령 해군의 하사관들은 패전 때까지 "해군생활의 즐거움 그 자체, 즉 거기서 졸병들을 제 마음대로 부려먹고 책임지지 않는 지위에서 최대의 권력을 휘두를"(『日本の軍隊』) 수가 있었던 것이다.

일본 공무원의 경우, 그 권한은 단지 직무상 주어진 범위 내에서 업무를 추진하기 위한 권위와 한계에 그치는 것이 아니다. 이른바 야쿠도쿠(役得)라는 게 더 붙게 된다. 야쿠도쿠는 단지 특권이라든가 특전과 같이 공식적으로 정해진 보상만이 아니다. 그 정해진 보상 외에, 그러니까 암묵적인 관행으로서 관청 내부에서 비공식적으로 양해된 것이다. 그리하여 관청 밖에 있는 일반인들도 그 야쿠도쿠, 즉 공무원의 직무나 직분으로 말미암아 얻게 되는 특별한 이익에 대해 이미 알고 있으며, 투덜거리면서도 그게 법률상으로 허용되어 있다고 생각하는 것이다.

이 야쿠도쿠는 공적인 권한을 사생활에까지 끌어들인 공사의 혼동에서 직접적으로 생겨나는 것이며, 그 배후에는 역시 앞서 언급한 본분이라는 사고 방식이 존재한다. 가령 어떤 경관이 직무의 범위를 넘어 요릿집에서 음식 대접을 받았다고 한다면, 그것은 경관이라는 본분을 이용한 '고와모테'[41]이며, 그 사실을 알고 있는

41) 두려워하는 존재이기 때문에 남에게서 우대를 받음.

시민 역시 항의할 만한 용기를 낼 수 없다. 또한 요릿집의 입장에서 보자면, 음식 향응의 교환조건으로서 경관이 영업상의 단속을 느슨하게 해 주기 때문에, 야쿠도쿠는 오히려 '환영' 할 만한 것이다.

이처럼 관리의 본분관계(本分關係)에서는 권한이 야쿠도쿠가 되어 한도 끝도 없이 확대되는 한편, 책임은 가능한 한 안 지려고 이리저리 묘안을 궁리한다. 관리의 능력은 결국 책임을 피하는 능력이라 해도 좋을 정도다.

윗사람은 "부하 직원에게 맡겨 놓았다"든가 "실무에서 취급한다"고 꽁무니를 빼고, 아랫사람은 "상사의 판단을 기다린다"든가 "나는 실무자이기 때문에 책임을 가지고 답변할 수 없다"고 도망을 간다. 미꾸라지처럼 빠져 나가 도저히 잡을 수가 없는데, 여기서 우리는 관리의 '정치성' 을 읽을 수 있다.

본디 관리는 공복(公僕)이어야 하는데도 '정치성' 을 가지고 이리저리 빠져 나가고, 또한 모호한 답변을 되풀이 함으로써 일반 시민들의 끈기가 다하는 것을 기다리는, 바로 그러한 방식을 취한다.

이러한 관리의 책임회피는 다음 두 가지 방법에 의해 달성된다. 하나는 자기 자신의 책임을 가능한 한 적게 하는 것이며 다른 하나는 책임의 소재를 시민이 알 수 없게 해두는 것이다. 그리하여 위로부터 아래로의 종적인 관계에서도 또한 횡적인 관계에서도 책임을 전가하고 강요함으로써, 막상 좋지 않은 상황을 맞이할 때는 문제가 전혀 없는 '착한 관리' 가 되려고 한다.

하지만 다른 한편에서 보자면 책임회피는 교활함과 이기심에서만 유래하는 것은 아니다. 그것은 역시 일본인의 자신없음, 연약한 자아의 표출이기도 하다. 오랜 봉건 사회의 인간관계에서는 신분에 상응(相應)하거나 혹은 자신의 '분수보다 몸을 낮추는' 것이 강조되었던 탓에 오늘날까지도 일본인은 되도록 너무 나서지 않게, 또한 책임을 지지 않게, 아울러 사양하는 듯한 자세를 취하도록 시종 신경을 쓴다. 이런 소심한 인간을 대대로 창출해 온 일본인의 생활과정과 앞서 말한 책임회피는 결코 무관하지 않을 것이다. 그런 면에서 책임회피는 일본의 봉건적인 인간관계가 낳은 특수한 심리적 산물이라고도 볼 수 있다.

그런 까닭에 이 책임회피는 관리에게만 국한되는 게 아니고 시민들 사이에서도 종종 볼 수 있는 현상이다. 외국인들이 자주 지적하듯이, 중요한 상담일 경우엔 당사자가 직접 얼굴을 마주보지 않고 중매인을 사이에 넣어 얘기를 진행시키는 것 등이 그 예라 할 수 있다. 외국인 중에는 이를 좋게 해석하여, 일본인은 상대의 체면을 손상시키고 싶지 않다는 배려 때문에 제3자를 내세운다고 생각하는 이도 있지만, 역시 이 경우에도 책임회피의 요소가 상당히 강하다고 생각한다.

마무리

이상에서 살펴보았듯이 일본의 인간관계에는 의리인정이 존재함으로써, 인간과 인간이 맑고 투명한 공기 속에서 1 대 1의 개인으로서 마주 대하고 교섭하는 것을 방해한다. 의리인정은 사람과 사람 사이에 개운치 않은 몽롱한 분위기를 감돌게 한다.

또한 한 사람 한 사람의 인간에 대해 말한다면, 개개인이 본분이라는 일종의 옷을 입고 속살을 드러내지 않고 생활한다. 여기서도 개개인 역시 자신의 주변에 몽롱한 기운을 떠돌게 하고 있다.

지금까지 이 책에서 언급한 일본인의 비합리주의, 정신주의, 부족주의(不足主義)에 공통적인 뭔가 '딱 잘라 말할 수 없는' 것, '이론대로 잘 되지 않는' 것은 모두 이 인간관계 사이에 자욱히 끼여 있는, 분위기의 모호함에서부터 나오는 것 같다.

일본인은 "뭘 생각하는지 알 수 없다"든가 "본심을 알 수 없다"고 한다. 외국인들의 이러한 비평은 일본인의 인간관계에 대한 표면적인 관찰, 즉 위에서 본 특수한 인간관계에 대한 이해가 짧은 데에 그 원인이 있다.

우리들이 새로운 일본을 만들어 가기 위해서는, 사회의 토대를 재구축하는 작업과 더불어, 예로부터 내려온 모호한 인간관계와 그로부터 발생하는 사회심리의 몽롱한 안개를 없애는 데에도 노력하지 않으면 안 된다. 사회의 재건이 인간의 재건과 병행되어 추진되지 않는다면 한 사람 한 사람 인간의 행복을 바라기는 어렵다.

이 책은 우리 일본인의 심리에 대해 이리저리 그 결점을 찾아 헤맨 것처럼 보였을지도 모르겠다. 하지만 자신들의 모습을 있는 그대로 보기를 게을리 한다면 그만큼 인간의 개조에도 시간과 품이 들 것이기 때문에, 흠이나 결점과 같이 싫은 점은 빨리 빨리 정리해 치우는 게 좋다. 이러한 작업에 조금이라도 도움이 될까 하고 이 책을 쓴 것이다.

역자의 말

이 책의 저자 미나미 히로시(南博, 1914~2001)는 1940년 교토대학 철학과를 졸업하고 미국으로 건너가 코넬대학 대학원에서 사회심리학을 전공한다. 이후 약 7년간의 유학생활을 마치고 1947년에 귀국한 그는 일본사회학계에 사회심리학의 이론적 체계를 제시하는 한편, 일본인이 장래에 어떻게 하면 '의식혁명'을 실현할 수 있을지에 대해 많은 관심을 갖게 된다. 그리고 이 '현재적' 관심사를 추구하기 위해 니혼조시대학, 히토쓰바시대학의 지도 학생들과 함께 당시 히트했던 영화나 유행가, 연극 등을 소재로 거기에 투영된 관객들의 심리를 조사한다. 아울러 자신이 1949년에 설립한 '전통예술의 모임'을 통해 가부키(歌舞伎)나 노(能), 분라쿠(文樂) 등에 종사하는 젊은 예술가들과 함께 일본의 전통예술을 연구하기 시작한다. 이러한 일련의 성과들을 바탕으로 일본인의 심리적 특징을 정리한 책이 『일본인의 심리』(岩波書店, 1953)다.

머리말에서 밝히고 있듯이, 이 책에서 미나미 히로시는 일본인의 심리에 대해 무리한 가설이나 이론을 내세우려고 하지 않는다. 그보다는 일본인 대다수가 공통적으로 지니고 있는 사고 방식과 표현 양식 및 행동패턴의 몇 가지 특징을 개괄적으로 들고 있다.

즉 일본인의 자아 의식을 비롯된 행복관, 불행관, 비합리주의와 합리주의, 정신주의와 육체주의, 인간관계와 같은 여섯 가지 측면에 대해, 해박한 문헌 지식과 폭 넓은 사회조사에서 얻은 많은 자료들을 열거하고 그것들의 역사적, 사회적인 배경을 고려하면서 일본인의 심리적 특징을 고찰한다. 결과적으로 그는 일본인의 자아 의식에 대해서는 복종심과 반항심, 행복관에 대해서는 행복위험론과 행복공허론, 나아가 일본인의 불행관과 무상관, 운명주의와 과학적 합리주의, 정신력의 우월과 육체적 욕망의 중시, 의리인정과 계약주의와 같은 '정신구조의 이중성' 을 일본인의 심리적 전통의 중요한 특징으로 제시한다. 그리고 패전 후의 새로운 일본 건설을 위해서는 사회의 물질적 토대를 재구축하는 작업과 함께 이 '정신구조의 이중성', 즉 '예로부터 내려오는 모호한 인간관계와 그로부터 발생하는 사회심리의 몽롱한 안개' 를 불식시켜야 한다고 주장한다.

이러한 미나미 히로시의 일본인론은 그 후 『일본인의 심리와 생활』(勁草書房, 1980), 『일본의 예술과 문화』(勁草書房, 1980)를 거쳐 『일본적 자아』(岩波書店, 1983, 한림신서 일본학총서 제3권)에 이르러 보다 명확한 형태로 제시된다. 그것에 따르면, 일본인의 행동에 어떤 동기를 제공하고 그 행동에 일관된 방향과 색채를 부여하는 심리적 기반은 바로 일본인의 퍼스낼리티에 공통적으로 존재하는 자아구조이다. 이 일본인의 자아구조에서 볼 수 있는 현저한 특징은 주체성이 결여된 '자아의 불확실성' 이며, 여기에는 세 가지 성향이 복합되어 있다. 하나는 나약함이나 내성적 성향, 사양, 단념과 같은 소극적인 성향이다. 하지만 그런 면이 있기에 한편으로는 자기보다는 남을 위하는 마음이나 배려, 친절함과 같은 대인관계의 조화를 고려하는 성향이 존재하며, 나아가 '자아의 불확실성' 을 극복하기 위해 일에 열중함과 동시에 연구심, 향상심과 같은 바람직한 행동 경향이 생기게 된다. 미나미 히로시는 이 세 가지 성향이 복합된 '자아의 불확실성' 을 일본문화의 '다원성과 융통성' 을 구성하는 심리적 전통으로 적극적으로 평가하는 것이다. 이 점에서 위의 『일본인의 심리』의 결론과는 상당한 차이가 있음을 알 수 있다.

최근 미나미 히로시는 『일본인론』(岩波書店, 1994, 한림신서 일본학총서 제40, 41권)이란 책에서, 메이지 유신 이후부터 1990년대 초반에 이르기까지 봇물처럼 쏟아진 일본 국민성론, 이른바 '대중소비재' 로서의 일본인론을 꼼꼼히 정리하고 있다. 이 근대 일본인의 자화상의 계보 속에서 『일본인의 심리』와 『일본적 자아』가 각각 어떠한 자리를 차지하고 있는지, 또한 '歐化主義=일본인 열등설' 과 '日本主義=일본인 우등설' 이 교차, 반복되는 일본인론의 담론 사이클에서 양자가 어떤 이데올로기성을 함축하고 있는지를 알기 위해서는 위에서 말한 세 권의 일본인론을 함께 읽어 보는 게 좋을 것이다.

끝으로, 역자의 게으름으로 말미암아 『일본인의 심리』가 대단히 늦게 출판된 점에 대해 용서를 빌며, 본문 중의 일본 중세 문학작품과 근세 사상사 관련 사료 번역에 많은 도움을 주신 서정완 교수와 사이토 아케미 교수에게 감사드린다. 아울러 교정작업에 힘써 주신 소화출판사에도 감사드린다.

2000년 8월 27일

일본 국립역사민속박물관 객원연구원실에서

지은이 미나미 히로시(南博, 1914~2001)

1914년 도쿄 출생

1940년 교토대학 철학과 졸업

1940년 미국 코넬대학 대학원에서 실험사회학, 생리학, 사회심리학을 전공

1947년 귀국 이후 니혼조시(日本女子)대학, 히토쓰바시(一橋)대학, 세이조(成城)대학의 교수 역임

일본심리센터 소장, 전통예술의 회 회장, 일본영상학회 회장 역임

전공 사회심리학

저서 『사회심리학』, 『매스커뮤니케이션 입문』, 『인간행동학』, 『일본인의 심리와 생활』, 『일본인의 예술과 문화』, 『일본인론의 계보』, 『일본적 자아』 등

옮긴이 남근우(南根祐)

1983년 성균관대학교 국어국문학과 졸업

1991년 일본 쓰쿠바(筑波)대학 대학원 역사 · 인류학연구과 졸업

현재 동국대학교 다르마칼리지 교수

전공 민속학

저서 『'조선민속학'과 식민주의』, 『동아시아의 근대와 민속학의 창출』(편저), 『식민지 조선과 종교』(공저), 『세계유산시대의 민속학』(공저), 『한국민속학 재고: 본질주의와 복원주의를 넘어서』 등

한림신서 일본학총서 발간에 즈음하여

1995년은 제2차 세계대전이 끝나고 우리나라가 일본 식민지에서 해방된 지 50년이 되는 해이며, 한 · 일간에 국교정상화가 이루어진 지 30년을 헤아리는 해이다. 한일 양국은 이러한 역사를 되돌아보면서 앞으로 크게 변화될 세계사 속에서 동북아시아의 평화와 번영을 추구해야 하리라고 생각한다.

한림대학교 일본학연구소는 이러한 역사의 앞날을 전망하면서 1994년 3월에 출범하였다. 무엇보다도 일본을 바르게 알고 한국과 일본을 비교하면서 학문적, 문화적인 교류를 모색할 생각이다.

본 연구소는 일본학에 관한 자료를 수집하고 제반 과제를 한 · 일간에 공동으로 조사 연구하며 그 결과가 실제로 한 · 일관계 발전에 이바지할 수 있도록 노력하고자 한다. 그러한 사업의 일환으로 여기에 일본에 관한 기본적인 도서를 엄선하여 번역 출판하기로 했다. 아직 우리나라에는 일본에 관한 양서가 충분히 소개되지 못했다고 느껴지기 때문이다.

본 연구소는 조사와 연구, 기타 사업이 한국 전체를 위해야 한다고 생각하며 한 · 일 양국만이 아니라 다른 여러 나라의 연구자나 연구기관과 유대를 가지고 세계적인 시야에서 일을 추진해 나갈 것이다. 그러므로 누구나 열린 마음으로 본 연구소가 뜻하는 일에 참여해 주기를 바란다.

한림신서 일본학총서가 우리 문화에 기여하고 21세기를 향한 동북아시아의 상호 이해를 더하며 평화와 번영을 증진시키는 데 보탬이 되기를 바란다. 많은 분들의 성원을 기대해 마지않는다.

1995년 5월

한림대학교 일본학연구소